DAPHNE / VILIAMA

Deutsch als Fremdsprache für Jugendliche

Kursbuch **2**

von
Hermann Funk
Michael Koenig
Theo Scherling
Peter Strätz

Langenscheidt

Berlin·München·Wien·Zürich·New York

Von
Hermann Funk, Michael Koenig, Theo Scherling und Peter Strätz

Redaktion: Lutz Rohrmann
Layout: Theo Scherling
Umschlaggestaltung: Theo Scherling unter Verwendung von Fotos von Heinz Endler, LOOK, München (Vorderseite)
und Angelika Sulzer, Wuppertal (Rückseite) und des Schriftzugs **sowieso** von Jan Kaul

Autoren und Verlag danken für die kritische Begleitung durch Susy Keller und Maruska Mariotta (Fachexpertinnen
für Deutsch an der Scuola Media im Tessin, Schweiz), Spiros Kukidis (Kursleiter an der Moraitis-Schule in Athen,
Griechenland), Joseph Castine (Northport Public Schools, Northport, New York, USA) und Birgit Bauer-Berr
(Fachberaterin der Zentralstelle für das Auslandsschulwesen in Kalifornien, USA)

Wir danken weiterhin allen Kolleginnen und Kollegen, die sowieso erprobt und mit zahlreichen Anregungen zur
Entwicklung des Lehrwerks beigetragen haben.

sowieso

Deutsch als Fremdsprache für Jugendliche

Band 2: Materialien

Kursbuch 2	47670
CDs 2A	47687
Arbeitsbuch 2	47671
CD 2B	47688
Foliensatz 2	47675
Lehrerhandbuch 2	47672
Glossar Deutsch–Französisch 2	47681

Symbole in sowieso 2:

 diese Texte sind auf Audiocassette

 hier gibt es mehr Informationen in der
Systematischen Grammatik im Arbeitsbuch

Dieses Werk folgt der reformierten Rechtschreibung. Ausnahmen bilden Texte und Realien, bei denen historische,
künstlerische, philosophische oder lizenzrechtliche Gründe einer Änderung entgegenstehen. Die neue Rechtschreib-
reform will es dem Benutzer leichter machen. Sie erlaubt daher nicht nur unterschiedliche Varianten (z.B. mithilfe
oder mit Hilfe, selbständig oder selbstständig), sie erlaubt bis 2005 auch die bisher gültige Rechtschreibung.
In den nächsten Jahren werden also verschiedene Schreibweisen nebeneinander bestehen. Wegen der geringen
Änderungen wirkt sich die Neuregelung nur unwesentlich auf das gewohnte Schriftbild aus.

Umwelthinweis: gedruckt auf chlorfrei gebleichtem Papier

© 1995 Langenscheidt KG, Berlin und München

Das Werk und seine Teile sind urheberrechtlich geschützt.
Jede Verwertung in anderen als den gesetzlich zugelassenen Fällen
bedarf deshalb der vorherigen schriftlichen Einwilligung des Verlages.

Printed in Germany
ISBN 978-3-468-**47670**-9

Die deutschsprachigen Länder

A Die Ferien sind vorbei

1 Erinnert ihr euch an die Jugendlichen aus Band 1?
Wer findet die meisten Informationen?

2 Drei Jugendliche erzählen über ihre Ferien. Welche Stichwörter könnt ihr jetzt schon zuordnen?

in Griechenland · auf einer Insel · Mutter · Tante besucht · gearbeitet · in der Landwirtschaft geholfen · Oma besucht · am Strand gewesen · Meer · zu Hause geblieben · Zimmer renoviert · bei der Gartenarbeit geholfen · keinen Urlaub gemacht · junge Hunde gehabt · im Schwimmbad gewesen · Wanderung gemacht · nach Athen geflogen

Dani	Renja	Naki

Hört die Kassette und ergänzt die Tabelle von Aufgabe 2.

4 Wer hat was gemacht? Ergänze die Verben aus dem Interview.

Daniel ...	... hat seine Oma ... . hat mit Dirk auf der Straße Fußball ... . auf einer Insel in Griechenland. ... und ihre Mutter haben eine Wanderung ... . ist mit Freundinnen und Freunden im Schwimmbad	besucht gemacht geholfen gewesen gearbeitet
Renja ...	... hat auch im Garten ... . ist von Eisenach aus mit dem Rad ... . erzählt, dass sie bei der Tante in Athen	weitergefahren gespielt war
Naki ...	... hat mit Katzen ... . neue Freunde und Freundinnen ... . ist zu Hause ... . hat Dirk in der Landwirtschaft ... . war am Strand und hat	kennen gelernt geblieben gebadet

5 Berichte kurz über die Ferien von Daniel, Renja und Naki. Verwende die Stichwörter.

> **Lerntipp** Beim Berichten auf Zeitangaben achten: Zuerst➡dann➡danach➡zum Schluss

Naki: in Griechenland / sein · auf einer Insel / sein · am Strand / sein · in Athen / sein · die Tante / besuchen

Daniel: die Großmutter / besuchen · sein Freund Dirk / besuchen · auf dem Bauernhof / Kühe / füttern · Radtour / machen

Renja: junge Hunde / haben · zu Hause / bleiben · im Garten / helfen · Radtour / machen

6 Matthias hat am Wolfgangsee gezeltet. Er erzählt Janine von den Ferien.

am See gezeltet · Radtouren gemacht · drei Tage schlechtes Wetter gehabt (gelesen) · Zelt aufgeräumt · Fußball gespielt · eine Bergwanderung gemacht · ein Museum besucht

7 Projekt: Was habt ihr in den Ferien gemacht? Wie war es? Berichtet in der Klasse. Habt ihr Fotos oder Ansichtskarten?

B Alles gelogen!

8 Jens erzählt von seinen Ferien.
Hört die Geschichte.

Also, unser Urlaub war einfach spitze.
Meine Eltern und ich, wir sind in den
Süden geflogen. Der Flug war toll.
Zwei Stunden. Ich habe direkt neben
dem Piloten gesessen. Am Flughafen
haben wir sofort ein Taxi genommen
und sind ins Hotel gefahren. Ein
super Hotel, sage ich euch! Der Pool
war fantastisch, und der Sandstrand
war auch nicht weit. Und das Wetter –
einfach spitze! Aber das Beste war die
Hotel-Disko. Ich war jeden Abend dort.
Wir haben Musik gehört und getanzt.
Es war nie langweilig. Dort waren so
viele Jugendliche. Also, nächstes Jahr
fahren wir wieder dorthin.

9 Jens ist ein Angeber. Was hat er wirklich gemacht? Diese Wörter helfen euch:

zu Hause geblieben · Wetter: schlecht, es hat geregnet · in der Badewanne gebadet ·
auf die kleine Schwester aufgepasst · allein gewesen und Walkman gehört

10 Ein Ratespiel: Schreibt drei Sätze
über eure letzten Ferien. Ein
Satz ist falsch. Die anderen raten:
Was stimmt nicht?

C Amadeus, der Zugvogel

11 Ordnet den Dialog nach dem Dialogplan. Spielt den Dialog.

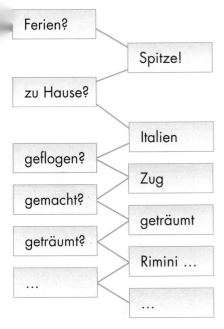

Ferien?

Spitze!

zu Hause?

Italien

geflogen?

Zug

gemacht?

geträumt

geträumt?

Rimini …

…

…

● Warst du zu Hause?
● Hallo, Amadeus, wie waren die Ferien?
○ Nein, natürlich nicht. Ich war im Süden, in Italien.
○ Fantastisch. Einfach spitze!

○ Nichts. Geschlafen, viel geschlafen und geträumt.
○ Nein, ich bin mit dem Zug gefahren. Das war toll.
● Und was hast du in Italien gemacht?
● Bist du geflogen?

○ Von Italien: Morgens in Rom, dann Spaghetti in Neapel, der Strand von Rimini, die Toskana, einfach super.
○ Zu Hause? Das geht nicht. Da träume ich immer von der Schule.
● Geschlafen? Geträumt? Wovon hast du geträumt?
● Warum träumst du nicht zu Hause?

12 Verben und Präpositionen: *träumen von* + Dativ.

Ich habe *von* Italien geträumt.　　　　　Italien / Österreich / …
Ich habe *vom* Strand in Rimini geträumt.
Ich habe *von* ein**em** Strand geträumt.　　**der** Strand.
Ich habe *vom* Mittelmeer geträumt.
Ich habe *von* ein**em** Meer geträumt.　　　**das** Meer.
Ich habe *von* **der** Mozartschule geträumt.
Ich habe *von* mein**er** Schule geträumt.　　**die** Schule.

13 Und wovon träumst du?

der Matheunterricht · eine Radtour · das Schwimmbad · der Urlaub in Sizilien · Portugal · die Türkei · ein Fußballspiel · meine Freundin · mein Freund · eine Bergwanderung · Kevin Costner · …

14 Ein Urlaubslied.

In den Ferien in Italien
da war es sehr nett.
Da waren viele Leute,
aber es gab kein Bett.

Holladihi, Holladiho,
holladihoppsasa
Urlaub macht froh.

Urlaub in Spanien
viel Sonne – olé,
am Strand und im Wasser
zu viel Eis im Café.

Holladihi, Holladiho,
holladihoppsasa
Urlaub macht froh.

A Farben

schwarz   weiß   gelb   blau   rot   grau   grün   braun

1 Deutsche Landeskunde in Farbe – Und wie ist das bei euch?

das Feuerwehrauto

der Briefkasten

der Schornsteinfeger

die Braut

das Polizeiauto

das Ortsschild

das Autobahnschild

das Greenpeace-Symbol

das Rote Kreuz

Briefkästen sind bei uns ...   *Ein Ortsschild ist ...*

2 Farben in Redewendungen. Ordne zu.

a Kiki hat ein neues Fahrrad. Amadeus ist grün vor Neid.
b Ich sehe schwarz für den Test. Ich habe nicht genug gelernt.
c Peter war am Montag nicht in der Schule. Er hat blaugemacht.
d Immer wenn ich einen Lehrer sehe, sehe ich rot!

Wie sagt man das bei euch?

B Personen und Sachen beschreiben

3 Lest die Texte und hört den Dialog. Was haben Texte und Dialog gemeinsam?

Ich suche meinen Hund. Er ist schwarz und trägt ein rotes Halstuch und eine Brille. Er hat einen kurzen Schwanz und ganz lange Haare. Er ist sehr lieb.

○ Ich habe gestern im Schwimmbad einen tollen Jungen kennen gelernt. Er ist einfach super.
● Und wie sieht er aus?
○ Einfach spitze! Er ist sehr groß, hat braune Augen und ganz lange blonde Haare. Und er trägt eine supermoderne Brille. Er heißt Eric.
● Hat er auch einen Freund?

Neu an unserer Schule: Heute stellen wir unsere neue Französischlehrerin Katrin Helmerichs vor:
– hat hellblaue Augen
– hat lange rote Haare
– trägt meistens eine schwarze Jeans, ein rotes T-Shirt und weiße Sportschuhe
– fährt einen alten VW
– spielt gerne Tennis
– ist immer sehr freundlich und hilfsbereit

Sprachbaukasten

Wie Leute aussehen

Er/Sie trägt ...
... eine altmodische Brille.
... eine weiße Jeans.
... ein graues T-Shirt.
... blaue Sportschuhe.

Er/Sie hat ...
... blonde Haare.
... hellbraune Augen.
... einen neuen ... .

Wie Leute sind

Er/Sie ist ....
... immer nett.
... sehr groß / sportlich.
... hilfsbereit.
...

Was Leute tun

Er/Sie ...
... spielt Klavier.
... wandert gern.
... hört gern Musik von ... .
...

4 Ergänze die Beschreibungen.

a Adjektive ergänzen

Ich suche meine Katze
Muschi. Sie ist ... und trägt
ein ... Halsband. Sie hat
einen ... Schwanz und ganz
... Haare. Sie ist sehr ...

ruhig · blau · braun ·
kurz · lang

b Sätze ergänzen

○ Du, ich habe am
Wochenende ... / Kino /
Mädchen / toll
● Wie...?
○ Spitze! / nicht groß /
Augen: blau / Haare:
kurz / schwarz / Name:
Erika.

c Einen Text erfinden

Neu an unserer Schule:

Heute stellen wir unseren
neuen Mathelehrer Horst
Bauer vor:

– ...

C Adjektive in Beschreibungen: unbestimmter Artikel und Akkusativ

GR 5 Vergleiche die Sätze. Was ist anders?

**Das kennst du schon:
Adjektive nach dem Verb**

Der ⬚Computer⬚ ⟨war⟩ **billig**.

Mein ⬚Fahrrad⬚ ⟨ist⟩ **alt**.

Unsere ⬚Mathelehrerin⟩ ⟨ist⟩ **neu**.

⬚Bananen⬚ ⟨sind⟩ **gelb**.

**Das ist neu:
Adjektive vor dem Nomen**

Peter ⟨hat⟩ ein**en** billig**en** ⬚Computer⬚.

Ich ⟨habe⟩ ein alt**es** ⬚Fahrrad⬚.

Wir ⟨haben⟩ ein**e** neu**e** ⬚Mathelehrerin⬚.

Gelb**e** ⬚Bananen⬚ schmecken gut.

6 Adjektivendungen: Mache eine Tabelle im Heft.

Unbestimmter Artikel und Akkusativ

der Computer	*Der Computer ist neu.* *Ich habe einen neuen Computer.*
das Fahrrad	
die CD	
die Bananen	

7 Diese Adjektive sind aus *sowieso* 1. In der Liste sind vier Gegensatzpaare (dumm ↔ schlau). Findest du sie?

interessant   blöd   langsam   langweilig   zufrieden   schnell   schön

blau   klein   groß   auswendig   albern   praktisch   rot   unpraktisch

Lerntipp   Adjektive in Gegensatzpaaren lernen.

8 In der Klasse: Wer ist das?

Er/Sie trägt einen blauen Pullover und schwarze Schuhe.
Er/Sie hat eine rote Brille.
Er/Sie hat braune Haare.

9 Unser Deutschunterricht.

a Mache eine Liste mit sieben Adjektiven.

1) toll
2)
3)

b Schreibe den Text ab und trage die Adjektive aus a mit der richtigen Endung ein.

Unser Deutschunterricht ist ①. Wir haben eine ganz ② Deutschlehrerin. In den ③ Deutschstunden sind wir immer besonders ④. Wir haben ein ⑤ Deutschbuch und schreiben oft ⑥ Sätze an die ⑦ Tafel. Aber trotzdem freuen wir uns danach auf die ⑧ Pause.

Unser Deutschunterricht ist toll !

10 Hast du einen blauen Hund? – „Schiffe versenken" mit Tieren und Farben.

– Sammelt fünf Tiere und fünf Farben an der Tafel.
– Schreibt die fünf Tiere auf ein Blatt.
– Schreibt neben jedes Tier eine Farbe.
– Fragt euren Partner: Hast du ein rotes Kaninchen?
– Wenn „ja", dürft ihr weiterfragen. Wenn „nein", fragt euer Partner.
– Wer hat zuerst alle Tiere und Farben?

A Darf ich oder darf ich nicht?

1 Schau die Bilder an. Was ist hier los?

 2 Lies die Sätze und höre dann die Kassette. Was ist richtig?

a Dagmar will am Wochenende
  nach Wien fahren.
b Ihre Mutter findet das toll.
c Sie nehmen den Bus.

d Sie haben ein Fußballspiel in Wien.
e Das Wochenende kostet 180 Euro.
f Dagmar darf nach Wien fahren.

**3 Lest jetzt den Dialog. Hört dann die markierten Dialogteile von der Kassette.
Übt die Aussprache.**

Du, Mutti, ich möchte am Wochenende ●
mit dem Schwimmverein nach Wien
fahren? <u>Darf ich?</u>

○ <u>Was, nach Wien?</u> Was wollt ihr denn in
Wien?

Wir haben ein Schwimmturnier. ●
<u>Das ist sehr wichtig.</u>

○ <u>Fahren die Jungen auch mit?</u>

Äh, ich glaube ja. Monika darf auch ●
mitfahren.

○ Monika ist auch schon über 16, und
<u>du bist erst 13!</u> Wie kommt ihr nach Wien?

Wir fahren mit dem Bus. Das ist am ●
billigsten. Das ganze Wochenende
kostet nur 128 Euro.

○ 128 Euro? Das ist viel zu teuer.

<u>Aber Mutti!</u> Bitte, bitte! ●

○ <u>Nein, keine Diskussion!</u> Du bleibst
hier und übst für deinen Test.

4 Sprecht den Dialog mit verteilten Rollen.

Dialoge üben, mit Dialogplänen arbeiten.

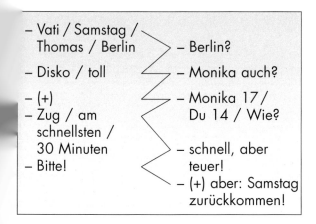

- Vati / Samstag /
  Thomas / Berlin   – Berlin?

- Disko / toll   – Monika auch?

- (+)   – Monika 17 /
- Zug / am   Du 14 / Wie?
  schnellsten /
  30 Minuten   – schnell, aber
- Bitte!   teuer!
                          – (+) aber: Samstag
                            zurückkommen!

- Mutti / Sonntag /
  Thomas / Basel /   – Basel?
- Fußballspiel /
  wichtig   – Wer noch?
- Jens, Heinz,
  Marco und
  Vater von Heinz   – Wie?
- Auto / Vater von
  Heinz fährt   – (+) Wann zurück?
- Sonntag abend   – (+) vorsichtig
                              fahren!

6 Macht zu zweit einen anderen Dialog.

7 Mehmet ruft Dagmar an. Wie geht die Geschichte weiter? Lest den Dialog.

Hallo! ●

● So ein Mist!
Sie hat
gesagt, dass
ich erst 13 bin.

Sie meint, dass die Fahrt zu teuer ist. ●
Und dann hat sie gesagt, dass ich nicht
mitfahren darf und dass ich für die
Schule lernen soll.

Ich habe gesagt, dass der Wettkampf ●
sehr wichtig ist.

○ Hallo, Dagmar,
hier ist Mehmet.
Na, was hat
deine Mutter
gesagt? Darfst
du mitfahren?

○ Ach Quatsch,
Nicole ist doch auch erst 13,
und sie darf auch mitfahren.
Was hat sie noch gesagt?

○ Und was hast du gesagt?

○ Du, ich glaube, ich habe eine Idee ...

8 Welche Idee hat Mehmet? Was können die beiden machen? Diskutiert in der
Muttersprache. Hört dann den ganzen Dialog von der Kassette.

Sprachbaukasten: berichten, was jemand meint/gesagt hat

Die Mutter	sagt,	dass die Fahrt zu teuer ist.
Dagmar	meint,	dass Monika auch mitfährt.
Mehmet	denkt,	dass er eine Idee hat.
	findet,	dass Dagmar erst 13 ist.
	hat gesagt,	dass das Turnier wichtig ist.
		dass Dagmar für den Test lernen soll.

9 Wer sagt/denkt das?

Italien ist schön.

Die Fahrt ist zu teuer.

Landwirtschaft macht Spaß.

Das Hotel war super.

Man muss in der Schule zu viel arbeiten!

Sportschuhe schmecken am besten.

Amadeus findet, dass …   Jens sagt, dass …   Die Schüler finden, dass …
Die Mutter sagt, dass …   Fredo denkt, dass …   Dani hat gesagt, dass …

B Berichten: Nebensätze mit *dass*

GR 10 Lies das Beispiel. Was ändert sich im Satz?

Dagmar:	„Die Fahrt kostet 128 Euro."
Dagmar sagt,	dass die Fahrt 128 Euro kostet.
Dagmar:	„Ich will nach Wien fahren."
Dagmar sagt,	dass sie nach Wien fahren will.

11 Finde andere Beispiele, mache eine Tabelle im Heft und markiere die Verben.

Mutter: Du musst zu Hause bleiben.
Die Mutter sagt, dass Dagmar zu Hause bleiben muss.

12 Sprachprobleme: Seht euch die Zeichnungen an. Kennt ihr auch diese Situationen? Diskutiert in der Muttersprache.

13 Höre die Kassette. Was sagen die Leute? Was ist das Problem?

● Was hat er gesagt?
○ Ganz einfach. Er hat gesagt, dass du geradeaus gehen musst und dann an der nächsten Kreuzung rechts. Dann siehst du den Bahnhof schon.

● Was hat er gesagt?
○ Er hat gesagt, dass er aus Athen kommt.

14 Berichten, was andere gesagt haben: Pronomen verändern sich.

- **Du** musst geradeaus gehen.
- Er hat gesagt, dass du geradeaus gehen musst.

- **Ich** komme aus Athen.
- Er sagt, dass **er** aus Athen kommt.

- **Wir** kommen aus der Türkei.
- Sie haben gesagt, dass **sie** aus der Türkei kommen.

15 Kannst du das übersetzen?

Nous sommes francais.

Sorry, I don't speak German.

Nosotros somos de Buenos Aires.

Merhaba, Istanbulluy- um.

Mir schloofed uf em Cam- pingplatz.

Sie sagen, dass …

Er sagt, dass …

Sie sagen, dass …

Sie sagt, dass …

Sie sagen, dass …

ichsprechenichtdeutschwirsinddausbuenosaires+wirsindfranzosengutentagichbinausistanbulwirschlafenaufdemcampingplatz.

C Modalverb *wollen*

16 Ergänze die Sätze mit den passenden Verben.

a Ich will meine Freundin Kiki …
b Wir wollen mehr Salat …
c Willst du zum Schwimmen …?
d Wir wollen heute Abend ins Konzert …
e Wollt ihr am Wochenende auch nach Wien …?
f Dracula will jetzt …
g Ines und Monika wollen Jens zur Geburtstagsparty …

fahren essen

gehen schlafen

mitkommen einladen

besuchen

17 Modalverb *wollen*: Mache eine Tabelle im Heft wie zu *dürfen*, *können* und *müssen*.

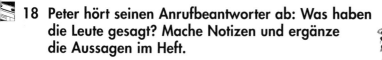

ich will
du

18 Peter hört seinen Anrufbeantworter ab: Was haben die Leute gesagt? Mache Notizen und ergänze die Aussagen im Heft.

Chris und Helga haben gesagt, dass …
Sein Vater …
Erika …
Rita …

A Brieffreundschaften

1 Informationen auf Briefumschlägen: Wer schreibt an wen? Aus welchen Ländern kommen die Briefe?

So einfach ist das: Ein Griff zum Hörer, eine Nummer wählen, fertig. Aber immer mehr junge Menschen schreiben auch Briefe. Briefeschreiben ist wieder „in". Besonders populär sind Brieffreundschaften. Viele Schülerinnen und Schüler in Deutschland haben Brieffreunde auf der ganzen Welt. Sie schreiben im Durchschnitt zwei bis drei Briefe in der Woche, und am Ende gibt es oft Besuch aus Italien, aus Griechenland oder sogar aus Kenia. Eine tolle Sache!

2 Den Artikel oben haben wir in einer Jugendzeitschrift gefunden. Welcher Satz im Text ist der Titel?

 3 Eine Umfrage: Wie viele Jugendliche schreiben Briefe?
Höre die Kassette und mache Striche.

Telefonieren oder Briefe schreiben? Ordne die Aussagen zu.

▶ Es geht sehr schnell.

▶ Man muss sehr lange überlegen.

▶ Manchmal dauert es lange, bis man eine Antwort bekommt.

▶ Es macht Spaß, wenn man plötzlich eine Nachricht erhält.

▶ Man kann alles noch einmal lesen.

▶ Ich freue mich immer über Briefe.

▶ Es ist meistens billiger.

▶ Man kann Probleme schnell lösen.

▶ Man freut sich mehr.

▶ Es kann sehr teuer werden.

▶ Die Leute sind meistens zu faul.

▶ Es ist viel Arbeit.

B Texte lesen lernen – Informationen finden

5 Lies bitte die Fragen. Was kann die Antwort sein? Ordne die Kategorien zu.

– Woher kommst du?
– Wann fängt das Konzert an?
– Wie viele Haustiere hast du?
– Wie lange dauern die Ferien?
– Wie heißt dein Hund?
– Wann hast du Geburtstag?

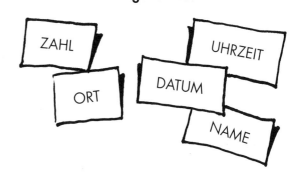

ZAHL

UHRZEIT

ORT

DATUM

NAME

Lerntipp ▷ Vor dem Lesen – Hypothesen!

6 Martin und Monika haben Brieffreunde in der ganzen Welt. Lies die Texte und beantworte die Fragen. Erinnere dich an den Lerntipp auf Seite 19.

- Wie lange schreiben sie schon?
- In welche Länder schicken sie Briefe?
- Warum schreiben sie?

Vor einigen Jahren hat die 17-jährige Monika die Brieffreundschaften angefangen. Sie hat einen Prospekt des International Youth Service gesehen mit vielen Adressen, und kurz darauf schickte sie
5 die ersten Briefe nach Singapur, Griechenland und England ab. Den längsten Kontakt hat sie jetzt seit sechs Jahren mit Asien. „Ich will meine Brieffreundin Cora auch einmal persönlich kennenlernen und sie in Singapur besuchen",
10 plant Monika. Durch die Brieffreunde lernt sie viel über fremde Länder und über andere Kulturen. „Briefeschreiben macht unheimlich viel Spaß und ich bekomme auch gern Post."

„Das war nur ein Zufall", erinnert sich Martin. „Ich habe ganz spontan auf eine Brieffreund- 15 schaftsanzeige geantwortet". Aber dann war er enttäuscht, dass er keine Antwort bekommen hat. Der 15-Jährige hat danach selbst eine Anzeige in der Jugendzeitschrift JUNGE ZEIT veröffentlicht. Der Erfolg war riesig: 15 Jungen und 20 Mädchen haben geantwortet, und mit drei Mädchen aus Österreich und Deutschland ist er jetzt schon seit drei Jahren in Briefkontakt.
Die Brieffreundschaften sind sehr wichtig für Martin. „Ich freue mich jeden Tag, wenn ich 25 einen Brief bekomme. Das ist wie ein Geschenk!"

C Projekt: Einen Brief auf Deutsch schreiben

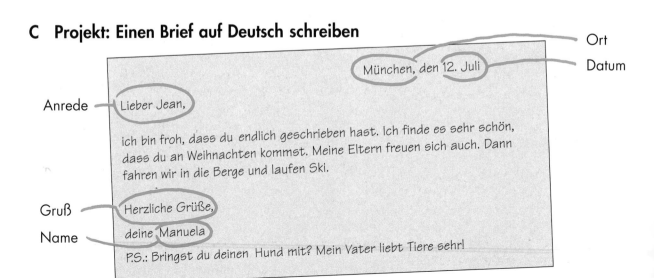

Ort

Datum

München, den 12. Juli

Anrede — Lieber Jean,

ich bin froh, dass du endlich geschrieben hast. Ich finde es sehr schön, dass du an Weihnachten kommst. Meine Eltern freuen sich auch. Dann fahren wir in die Berge und laufen Ski.

Gruß — Herzliche Grüße,

Name — deine Manuela

P.S.: Bringst du deinen Hund mit? Mein Vater liebt Tiere sehr!

Sammelt und ergänzt in der Klasse: Was könnt ihr schon auf Deutsch schreiben, sagen und fragen?

Brieffreundschaften: Anzeigen und Adressen in Jugendzeitschriften.

Lies die Anzeigen.

a Welche Anzeige passt am besten zu dir?
b Frage deine Nachbarin/deinen Nachbarn:
   Welche Anzeige passt?

:h suche Brieffreund-chaften aus aller Welt. chreibe in Deutsch und nglisch. Habe die Hob-ys Briefeschreiben, Akkordeon, Lesen.

Mein Briefkasten ist sehr groß, aber es kommt nie ein Brief an. Wer schreibt mir? Ich bin 13 und liebe Pferde. Ich spiele auch Gitarre und Keyboard. Mein Briefkasten wartet auf eine Antwort.

Suche Brieffreundinnen und Brieffreunde auf der ganzen Welt im Alter von 13–15 Jahren. Ich (14) interessiere mich für Tennis, Musik, Zeichnen und Lesen. Bitte Foto beilegen.

Katzen-Fan sucht alles über Katzen. Wer schickt Fotos, Texte usw.? Möchte gerne eine Brieffreundschaft beginnen.

Hallo, suche Brieffreund aus den USA. Mein Hobby ist Radfahren.

Hilfe, mein Briefkasten ist krank! Er braucht viele Briefe. Wer schreibt mir? Bin 13 Jah-re und lache gern, fahre gern Rad und höre gern Musik. Also los!

Wer schreibt mir? Bin 14 und male am liebsten. Ich erfinde auch gerne Geschichten, und Tiere mag ich auch. Hast du Lust?

Suche Brieffreund/in bis 15 Jahre. Meine Hobbys sind Tanzen, Tanzen, Tanzen! Ich freue mich auf deinen Brief!

Tipp: Auf Seite 15 im Arbeitsbuch findest du die Adressen von Jugendzeitschriften mit Adressen für Brieffreundschaften.

A Thema „Fernsehen" – Was? Wie lange?

1 Fernsehen: Woran denkst du zuerst?

2 Eine Jugendzeitschrift hat junge Leute gefragt: Wie wichtig ist Fernsehen für euch?

„Nach den Hausaufgaben schau ich meistens Fernsehen oder ein Video. Manchmal zappe ich ganz einfach durch die Kanäle. Irgendwas ist immer interessant. Sport sehe ich gern. Am liebsten Wrestling auf RTL2."

„Meine Mutter will nicht, dass ich so viel fernsehe. Abends darf ich gar nicht fernsehen. Nur in den Ferien oder bei meiner Oma. Dann gucken wir Krimis an. Zu Hause soll ich zuerst eine Sendung im Fernsehprogramm auswählen. Erst dann darf ich sie gucken."

„Ich mache die Glotze nicht so oft an. Fernsehen ist für mich nicht so wichtig. Ich gehe lieber spazieren oder fahre Rad. Ich male auch ganz gern. Manchmal schaue ich Musikvideos an, aber nicht lange."

3 Welcher Satz im Text passt zu welcher Person?

- **a** Viele Schüler schalten den Fernseher schon am Nachmittag an.
- **b** Sport im Fernsehen ist für sie wichtiger als Sport mit Freunden.
- **c** Die Eltern finden das meistens nicht gut – es gibt Konflikte.
- **d** Oft sehen die Großeltern mehr fern.
- **e** Die meisten Familien haben einen Videorekorder und viele Videos.
- **f** Viele Jugendliche finden aber auch, dass es interessantere Dinge als Fernsehen gibt.
- **g** Fast alle Jugendliche mögen aber die Videoclips auf MTV und Viva.

4 Fernsehsprache: Wie heißt das in den Texten in Aufgabe 2?

- auf einen anderen Kanal umschalten
- einen Film ansehen
- den Fernseher anschalten
- der Fernseher

3 Was kommt denn heute im Fernsehen?

5 Bildstörung: Du hörst 7 Sendungen. Welche Sendung ist was?

① Sport ② Nachrichten ③ ein Krimi ④ Werbung
⑤ eine Talkshow ⑥ ein Quiz ⑦ Videoclips

6 Du liest eine Fernsehzeitschrift. Welche Lesestrategie verwendest du?

ARD

20.15 Fernsehfilm

Adolf Wendler (Jürgen Schmidt), Wendehals und Lehrer, erst im Osten, dann im Westen und schließlich wieder in Ost. »Grüß Gott, Genosse« ist eine deutsch-deutsche Komödie mit bayerischem Touch

5.55 Käpt'n Blaubär 6.00 Morgenmagazin 9.00 Tagesschau. Ab 9.03 Uhr nur ARD: 9.03 Dallas 9.45 Yoga 10.00 Tagesschau 10.03 Agfa und Eva – göttlicher Espresso. Religiöse Symbole in der Werbung. Reihe »Gott und die Welt« 10.35 Info Arbeit und Beruf 11.00 Tagesschau 11.03 Musikantenstadl Moderation: Karl Moik 12.55 Presseschau 13.00 Tagesschau 13.05 Mittagsmagazin 13.45 Wirtschafts-Telegramm

14.00 Tagesschau
14.02 Sesamstraße
14.30 Meister Eder und sein Pumuckl
Pumuckl und der Nikolaus. Serie
15.00 Tagesschau
15.03 Abenteuer Überleben Magazin
15.30 Höchstpersönlich Porträt-Reihe
Dagmar Frederic
16.00 Tagesschau
16.03 Jagd um die Welt: Schnappt Carmen Sandiego! Detektiv-Spiel
16.30 Hey, Dad! Serie
17.00 Tagesschau
17.10 Brisant Boulevard-Magazin
17.40 Regionales
17.55 Ein Haus in der Toscana Serie
18.55 Happy Holiday
Wenn Männer zu sehr lieben

20.00 Tagesschau
20.15 Grüß Gott, Genosse (VPS 20.14)
Fernsehfilm, Bundesrepublik 1993
Mit Jürgen Schmidt, Renate Kröhner, Pierre René Müller, Irm Hermann, Wolfgang Winkler, Renate Geißler, Christian Grasshoff u. a.
Buch: Gerhard Bengsch
Regie: Manfred Stelzer
21.50 Bericht vom Parteitag der CDU
Aus Hamburg
22.20 Skala
Stimmungen, Meinungen, Trends
Moderation: Sabine Eike-Geisen
22.30 Tagesthemen
23.00 Nachschlag
Satire mit Matthias Deutschmann
23.05 MacArthurs Kinder
(Setouchi shonen yakyu dan)
Mit Takaya Yamauchi, Yoshiyuki Omori, Shiori Sakura u. a.
Regie: Masahiro Shinoda
Masahiro Shinoda, der im Geist an nationalistisch-militaristischer Tradition anknüpfis, erlebte Japans Kapitulation als 14jähriger. Seine Erfahrungen...

ZDF

9.25 Olympia

Auch im Riesenslalom der Herren geht der für Luxemburg startende Österreicher Marc Girardelli mit großen Chancen auf die Goldmedaille an den Start. Wohl nur die Norweger können ihm Paroli bieten

9.03 Olympia-Studio
Moderation: Magdalena Müller
9.25 Ski alpin Riesenslalom
Herren. 1. Lauf
9.55 Biathlon 7,5 km Damen
11.25 Ski nordisch
Nordische Kombination Springen
12.55 Biathlon 10 km Herren
13.25 Ski alpin
Riesenslalom Herren. 2. Lauf
14.55 Eishockey 1. Viertelfinale
Bei deutscher Beteiligung wird das Spiel live übertragen
Dazwischen ca. 14.50 Heute
15.55 Eisschnellauf 1000 m Damen
Dazwischen ca. 16.20 Heute
17.50 Der Landarzt Serie
Ein Fremder im Haus
Mehr und mehr fasziniert Karsten das attraktive Angebot von Dr. Raab, ihm in seine moderne Stadtpraxis zu folgen. Olga dagegen fällt aus allen Wolken, als sie von Karstens Plänen erfährt. Sie ist strikt dagegen, die Praxis in Deekelsen so mir nichts dir nichts aufzugeben

18.45 Lotto am Mittwoch

19.00 Heute und Wetter (VPS 19.20)
19.25 Olympia-Studio
Höhepunkte des Tages: Eiskunstlauf: Technikprogramm Damen; Eishockey: 3. und 4. Viertelfinale
Moderation: Dieter Kürten
Dazw. ca. 21.30 Heute-Journal
23.00 Bericht vom Parteitag der CDU
Aus Hamburg
Moderation: Thomas Bellut
23.30 Derrick Krimi-Serie
Toter Goldfisch (von 1985)
Mit Horst Tappert, Fritz Wepper, Elisabeth Wiedemann, Jutta Kästel
Buch: Herbert Reinecker
Regie: Zbynek Brynych
Julia und der 20 Jahre jüngere Roland haben sich über eine Zeitungsannonce kennengelernt. Der große Altersunterschied schreckt sie nicht ab. Als aber ein Freund Rolands tot aufgefunden wird, beginnt Julia über ihren jugendlichen Verehrer nachzudenken
0.30 Die zehnte Muse Zwölfteilige Reihe
Schall und Rauch und böse... – Kabarett zwischen Bühne...

RTL

22.15 Magazin

Günther Jauch hat gut lachen. 4,5 Millionen Zuschauer interessieren im Schnitt für »Stern TV«, das letztes Jahr auf Platz 3 der deutschen TV-Magazine landete. Am 13. April feiert der Moderator seine 200 Sendung

6.00 RTL aktuell 7.00 Frühstücksfernsehen 9.00 Notruf California. Fast genial. Serie 10.00 Reich und schön. Serie 10.30 Zeit der Sehnsucht. Serie 11.00 Der Preis ist heiß. Spielshow. Moderation: Harry Wijnvoord 11.30 Familienduell. Spielshow. Moderation: Werner Schulze-Erdel 12.00 Punkt 12. Mittagsmagazin. Moderation: Kerstin Heuer und Milena Preradovic 12.30 Springfield Story 13.20 California Clan. Serie

14.10 Mord ist ihr Hobby Krimi-Serie
Lebendig vernichtet
15.00 Ilona Christen Talkshow
Der ewige Streit um die Finanzen – Haushaltskasse –
16.00 Hans Meiser Talkshow
Mein Kind ist Terrorist
17.00 Wer ist hier der Boß? Serie
Der Kuß und die Wahrheit
17.30 Eine schrecklich nette Familie
Die Mausefalle. Serie
18.00 Familienbande Serie
Im richtigen Moment
oder Regionalprogramme
18.45 RTL aktuell Nachrichten
19.10 Explosiv – Das Magazin
19.40 Gute Zeiten, schlechte Zeiten

20.15 Spurlos
Vorerst letzte Folge des Magazins
Moderation: Charles Brauer
21.15 SeaQuest DSV Sf-Serie
Tiefseeflimmern (letzte Folge)
Beim Tauchen entdeckt Lieutenant Benjamin Krieg leuchtende Steine, die er verkaufen will. Doch die anderen Besatzungsmitglieder haben davon Wind genommen und sind nun sauer
Anschließend RTL aktuell
22.15 Stern TV Magazin
Moderation: Günther Jauch
23.15 Gottschalk Late Night Show
0.00 Nacht-Journal Magazin
Moderation: Heiner Bremer
0.30 Nachts! Talkshow
Moderation: Britta von Lojewski
1.00 Eine schrecklich nette Familie
Tage am Strand. Serie
1.30 Wer ist hier der Boß? Serie
Der Mythos von Tony Micelli
Tony soll seiner Jugendfreundin Darlene helfen – ihrem neureichen, naiven Mann fehlt es an Selbstbewußtsein. Ein kleines verlorenes Billardspiel könnte Tony die Ehe retten
2.05 227 Die Idealserie
2.35...

SAT 1

20.15 Fernsehkrimi

Dee McCall (Stefanie Kramer) befindet sich in einer verzweifelten Lage: Gangster haben sie entführt, um einen Kumpel aus den Händen der Polizei freizupressen. »Hunter« setzt alle Hebel in Bewegung, die Bande zu finden

6.00 Frühstücksfernsehen. Dazwischen Sport. Moderation: Eckhard Heuser 8.00 Magazin/Reportagen 9.05 Alf. Comedy-Serie 9.30 Love Boat. Serie 10.25 Bonanza. Western-Serie 11.20 Schatten der Leidenschaft. Serie 12.15 Glücksrad. Werbe-/Gewinnshow. Mami hat keine Zeit für die Liebe. Serie. Stubings Freund begegnet seiner Traumfrau, die er vor über 30 Jahren in Frankreich kennengelernt hat

14.00 Nachbarn Serie
Ein Posten in Hongkong
14.30 Alf Serie
Der Traumkandidat
15.05 Bonanza Western-Serie
Zieh schneller, Johnny
16.00 Raumschiff Enterprise – Das nächste Jahrhundert Sf-Serie
Das Experiment
17.00 5 x 5 Wortspiel
Moderation: Bernd Schumacher
17.30 Regionalprogramme
18.00 Geh aufs Ganze! Gewinnspiel
Moderation: Jörg Draeger
19.00 News Nachrichten
19.19 Ran Sport
Moderation: Thomas Klementz
19.30 Glücksrad Werbe-/Gewinnshow

20.15 Hunter Legion der Angst
Fernsehkrimi, USA 1989
Mit Fred Dryer, Stefanie Kramer, Charles Hallahan, Claude Akins, Jerry Douglas, Richard Lynch u. a.
Regie: Gerald Perry
Anschließend Nachrichten
22.05 Die Verschwörer – Im Namen der Gerechtigkeit Krimi-Serie
Das Mädchen von der Straße
Obwohl Ramsey, Handlanger der Mafia, des Mordes angeklagt ist und unter Verdacht steht, minderjährige Mädchen zur Prostitution zu zwingen, wird er freigesprochen. Doch der Richter und seine Crew tüfteln eine Falle für Ramsey aus
23.05 Die Tiefe
(The deep)
Spielfilm, USA 1976
Mit Robert Shaw, Jacqueline Bisset, Nick Nolte, Louis Gossett jr., Eli Wallach, Robert Tessier u. a.
Regie: Peter Yates
Ein junges Ehepaar verbringt seine Flitterwochen auf den Bermudas. Beim Tauchen...

PRO 7

23.15 Spielfilm

Friedliche Mönche (Carter Wang, 2.v.r.) haben geschworen, niemals Gewalt anzuwenden. Doch als ihr Tempel bedroht wird, offenbart sich »Das tödliche Geheimnis der Shaolin« – sie werden zu brutalen Kampfmaschinen

5.30 Mr. Belvedere 5.55 Bezaubernde Jeannie 6.20 Familie Feuerstein 6.45 Die Simpsons 7.15 Batman 7.45 Parker Lewis – Der Coole von der Schule 8.15 Überflieger 8.45 Agentin mit Herz 9.40 Hardcastle & McCormick 10.40 Lotterie 11.40 Roseanne. Serie 12.10 Bill Cosby Show 12.40 Merlin und das Schwert. Spielfilm, USA 1983. Mit Candice Bergen, Malcolm McDowell, Edward Woodward. Regie: Clive Donner

14.25 Hardcastle & McCormick Serie
Freundin aus alten Tagen
15.25 Mr. Belvedere Serie
Krankenpflege
15.55 Bezaubernde Jeannie Serie
Junggesellen-Party: Streng geheim!
16.25 Familie Feuerstein Serie
16.55 Die Simpsons Serie
17.25 Batman Serie
17.55 Parker Lewis – Der Coole von der Schule Serie
Es lebe der König!
18.25 Überflieger Serie
Ein Freund, ein fremder Freund
18.55 Roseanne Serie
Fleischeslust und Fleischesfrust
19.25 Bill Cosby Show Serie
Der Streber

20.00 Nachrichten
20.15 Turtles – Im Kino sind wir echt
(Teenage mutant ninja turtles)
Spielfilm, USA 1990
Mit Judith Hoag, Elias Koteas, Josh Pais, Michelan Sisti u. a.
Regie: Steve Barron
Durch radioaktiven Schlamm zu aufrecht atmenden Schildkröten mutiert, lernen die vier intelligenten Echsen von einer philosophierenden Ratte japanischen Schwertkampf
22.05 Kung Fu –
Im Zeichen des Drachen Serie
Caine und der falsche Verdacht
23.05 Nachrichten
23.15 Das tödliche Geheimnis
der Shaolin
(Shaolin death squad)
Spielfilm, Hongkong 1977
Mit Carter Wang, Ku Lung, Yang Wei
Regie: Chen Shao Peng
0.40 Starsky & Hutch Krimi-Serie
Der Köder
1.40 Nachrichten
1.50 Interface
Spielfilm, USA 1984
Mit John Davies, Laura Lane u. a.
Regie: Andy Anderson
...Nachrichten

7 Fernsehen ist international: Welche Sendungen kennst du?

**8 Was willst du zwischen
6 und 8 Uhr und
zwischen 8 und 10 Uhr
sehen? Mache eine
Liste im Heft.**

Sportsendungen
Nachrichten
Serien
Shows

Spielfilme
politische Magazine
Dokumentarfilme
...

9 Diskutiert in der Klasse: Welche Programme interessieren euch am meisten?

C Fernsehen literarisch

 10 Welche von den zwei Geschichten findest du interessanter?

Der Fernseher
von Martin Auer

Peter hatte einen unsichtbaren
Fernsehapparat. Was er damit tat? Er
guckte hinein, was denn sonst! Wenn die
Leute ihn sahen, fragten sie ihn:
„Was tust du denn da?" „Ich gucke
unsichtbares Fernsehen!" „Und was
spielen sie da für ein Programm?" „Weiß
ich doch nicht, es ist doch unsichtbar!"
Aus irgendeinem Grund hielten die Leute
Peter für verrückt. Vielleicht war er es ja
auch. Aber er hatte wirklich großen Spaß
an seinem Fernsehapparat.

11 Ordne den Text nach den Bildern und lies vor.

a Da kam seine Mutter. „Mirco,
weißt du nicht, wie viel Uhr es ist?
Du musst ins Bett."

b Jetzt schaute er in Ruhe seinen
Western zu Ende.

c Mirco überlegte kurz, dann hatte er
eine Idee. Die Fernbedienung! Er schaltete
seine Mutter einfach ab.

d Mirco machte um 8 Uhr den Fernseher an.
Er freute sich auf den spannenden Western
mit Clint Eastwood.

D Präteritum

12 In den Texten auf Seite 24 findest du neue Verbformen: das Präteritum.
Sammle die Verben in einer Liste.

13 Es gibt regelmäßige und unregelmäßige Formen. Ordne die Liste aus Aufgabe 12.

regelmäßige Verben			unregelmäßige Verben		
	Singular	Plural		Singular	Plural
fragen	fragte	fragten	tun	tat	

14 Ergänze die Regel.

Regelmäßige Verben im Präteritum*: 　　Singular: Verbstamm + Endung …
　　　　　　　　　　　　　　　　　　Plural: 　Verbstamm + Endung …

* Die 2. Person Singular und Plural (du fragtest / ihr fragtet) findet man nicht sehr oft.

> **Lerntipp** – Gesprochene Sprache: meistens Perfekt.
> – Schriftliche Texte: Präteritum oder Perfekt.

15 Reime. Die Verben sind regelmäßig. Finde die richtigen Endungen im Präteritum.

a Erich spiel… Klavier – von halb zwei bis halb vier.
b Die Kuh mach… Muh – und der Bauer hör… zu.
c Kiki besuch… Onkel Jo – und hatte plötzlich einen Floh.
d Susi und Gabi telefonier… mit Jack – da war das Gespräch plötzlich weg.
e Amadeus lern… Bio – am weißen Strand von Rio.
f Max und Moritz kauf… Kaninchen – für den Geburtstag von Sabinchen.

E Personalpronomen: Akkusativ

16 Im Text sind die Personalpronomen im Akkusativ markiert. Mache eine Liste und
vergleiche mit der Grammatiktabelle im Arbeitsbuch.
Welche Pronomen sind nicht im Text?

Der Kommentar von Dr. T.V. Kiste

Liebe Freundinnen und Freunde,
habt ihr eine Minute Zeit für <u>mich</u>? Viele Leute meinen heute,
dass Fernsehen nicht wichtig ist. Einige behaupten sogar, dass
Fernsehen ungesund ist. Das ist natürlich Unsinn. Richtig ist:
Für <u>dich</u>, für <u>mich</u>, für <u>euch</u>, für <u>uns</u> alle ist ein Leben ohne
Fernseher nicht möglich. Ohne <u>ihn</u> ist das Leben doch wie eine
Kuh ohne Fahrrad. Trotzdem glauben manche Leute, dass sie
ohne Fernseher leben können. Für <u>sie</u> ist das Leben aber
langweilig, leer und sinnlos. Besonders die moderne Familie
braucht den Fernseher. Sie kann <u>ihn</u> als Babysitter oder
Musikbox benutzen. Ihr seht: Es geht nicht ohne Fernseher.

A Dicke Luft

1   Was passiert hier? Seht das Bild an und schreibt Dialoge.

 2   Was gehört zusammen? Schreibe die fünf Minidialoge ins Heft.

- Warum hast du deine Hausaufgaben nicht gemacht?
- Nimm sofort die Banane aus dem Mund!
- Warum kommst du zu spät?
- Warum hast du schon wieder deine Vokabeln nicht gelernt?
- Wo warst du letzten Freitag beim Test?

○ Ich war krank. Hier ist meine Entschuldigung.
○ Tut mir leid, aber ich habe heute Morgen noch nicht gefrühstückt.
○ Weil ... äh ... weil ich den Bus verpasst habe.
○ Ich habe sie gemacht, aber ich habe sie leider zu Hause vergessen.
○ Weil ich keine Zeit hatte. Gestern war mein Geburtstag.

 3   Hausaufgaben-Rap.

4 Gute Laune, schlechte Laune: Hört die Beispiele von der Kassette und spielt die Situationen aus Aufgabe 2 im Kurs.

freundlich   frech   böse   ängstlich

5 Vorwürfe und Entschuldigungen in der Klasse: Was sagt euer Lehrer oft? Was sagt ihr?

B Sich entschuldigen, etwas begründen: *weil, denn, aber*

6 Andreas hat eine Woche gefehlt. Vergleiche die Entschuldigungsbriefe.

Sehr geehrter Herr Bornebusch,

entschuldigen Sie bitte das Fehlen meines Sohnes Andreas in der Woche vom 12.6. bis 16.6. Er hatte hohes Fieber und musste im Bett bleiben.

Mit freundlichen Grüßen
Wilhelm Muster

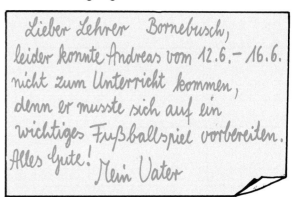

Lieber Lehrer Bornebusch,
leider konnte Andreas vom 12.6. – 16.6.
nicht zum Unterricht kommen,
denn er musste sich auf ein
wichtiges Fußballspiel vorbereiten.
Alles Gute! Mein Vater

7 Maike hat am Dienstag gefehlt. Schreibe ihren Entschuldigungsbrief.

8 *Weil*-Sätze: Lies den Satz links. Welches Satzmuster rechts passt zum *weil*-Satz?

→ Ich habe gestern gefehlt,
weil ich Fieber hatte.

..., weil ⬭ ... .
..., weil ... ⬭ .
..., weil ⬭ ... .

9 *Denn* und *aber*: Suche auf Seite 26/27 Beispiele. Schreibe die Satzmuster ins Heft.

10 Wie im Kino: *weil* oder *denn*? Höre die Kassette und ergänze die Sätze.

Ich gehe gern ins Kino, ... ich Bruce Lee so toll finde. Ich finde Bruce Lee toll, ... er einfach stark aussieht. Er sieht wirklich superstark aus, ... er ist sehr muskulös. Er ist sehr muskulös, ... er trainiert viel. Er trainiert viel, ... er in Karatefilmen der Star ist. Er ist in Karatefilmen der Star, ... er der Beste ist. ... er der Beste ist, verdient er sehr viel Geld. Er verdient sehr viel Geld, ... viele Leute in seine Filme gehen. Viele Leute gehen in seine Filme, ... sie finden ihn toll. Sie finden ihn toll, ... er sieht einfach stark aus. Er sieht wirklich superstark aus, ...

C Beruf: Schüler

11 Thema Stress: Schau die Fotos an. Lies den Wörterbuchartikel. Was verstehst du?

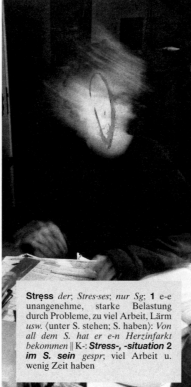

> **Stress** der; Stres·ses; nur Sg: **1** e-e unangenehme, starke Belastung durch Probleme, zu viel Arbeit, Lärm usw. ⟨unter S. stehen; S. haben⟩: Von all dem S. hat er e-n Herzinfarkt bekommen ‖ K-: **Stress-, -situation 2 im S. sein** gespr; viel Arbeit u. wenig Zeit haben

12 Lies bitte a–d und dann den Text unten. Welche Meinung passt am besten zum Text?

a
Ich finde es toll, dass ich immer etwas mache. Stress habe ich nie, weil ich meinen Tag gut organisiert habe.

b
Ich finde nicht gut, dass ich fast nie Zeit für mich habe. Immer nur Schule und in der Freizeit mache ich auch zu viel.

c
Es gibt zu viele Hausaufgaben und Tests. Aber ich habe auch viel Zeit für Freunde, Kino, Sport und Musik.

d
Ich hasse die Schule. Sie ist furchtbar, der totale Stress.

Und dann auch noch die blöde Klavierstunde!

„Ich bin sooooo im Stress!", stöhnt Babsi. „Heute hatten wir zwei Tests, der Englischlehrer hat Vokabeln abgefragt, in der Pause musste ich noch die Hausaufgaben für Bio machen, gegessen habe ich noch gar nichts, jetzt die Hausaufgaben für morgen und dann auch noch die blöde Klavierstunde ...!"
So wie Babsi haben heute viele Schüler zu viele Termine und zu viele Aufgaben. Morgens in der Schule ist sowieso jede Minute organisiert. Aber auch nachmittags, abends und sogar am Wochenende gibt es oft wenig Freizeit: einmal in der Woche Musikunterricht, zweimal zum Computerkurs, dreimal Sport – jeden Tag Hausaufgaben und lernen für den nächsten Test. Die Folge ist oft Stress.

13 Aufgaben und Termine: Was? Wann? Wie oft? Sammle Wortschatz aus dem Text.

Was?	Wann?	Wie oft?
einen Test schreiben	heute	einmal in der Woche
Vokabeln lernen	in der Pause	

14 Und du? Hast du auch Terminstress? Warum?

D Antistress-Programm

15 Atmosphäre: Schau das Bild an und höre die Kassette.

> **Lerntipp** ▷ Ruhige Musik kann entspannen und den Kopf frei machen.

16 Was kann man gegen Schulstress tun? Lies die Anti-Stress-Tipps und ordne zu.

① DIE ZEIT EINTEILEN
② NICHT ZU VIEL MACHEN
③ KONZENTRIEREN
④ LERNEN KONTROLLIEREN
⑤ ETWAS ANDERES MACHEN

a Ein bisschen Bewegung, ein bisschen Sport, am besten jeden Tag. Du musst nicht hart trainieren. Einfach spielen oder im Freien spazieren gehen.
b Arbeite konzentriert – vergiss die Pausen nicht.
c Plane einen Tag oder eine ganze Woche.
d Manche Dinge musst du machen, zum Beispiel Schule. Aber es gibt auch viele freiwillige Termine. Ist wirklich alles wichtig?
e Frage dich nach jeder Aufgabe: „Was habe ich gelernt?".

17 Wie findest du die Tipps? Was ist sinnvoll? Was ist in der Schule möglich?

1 Ferienplanung: Steven wohnt in Sidney – Klaus in Mannheim. Lies den Brief und berichte.

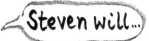

Steven will... Steven kann...

Lieber Klaus,

endlich! Ich darf dich nächstes Jahr besuchen. Wann soll ich kommen? Meine Eltern
haben gesagt, dass ich entweder an Weihnachten oder im Juli kommen kann. Was meinst du?
Was wollen wir machen? Vielleicht können wir ein bisschen reisen. Es darf aber nicht so viel
kosten.

> Schreib bald,
> dein Steven

---

2  Klaus schaut die Prospekte an. Welche Regionen in welchen Ländern zeigen sie? Was kann man dort machen?

Text 1

Appenzeller Veloplausch

Appenzellerland
Appenzeller Tourismus
9050 Appenzell
Tel. 071 / 874 11 11

„Sönd willkomm ..." und entdecken Sie per Velo die eindrückliche Appenzeller Landschaft mit den typischen Dörfern, den heimeligen Gaststätten und den freundlichen Bewohnern. Wählen Sie zwischen zwei attraktiven, verschieden anspruchsvollen Routen, welche vom malerischen Appenzell zum historischen Marktfleck Altstätten führen.

„Belle-Route":
Route: Appenzell–Eggerstanden–Altstätten
Länge: 16 km
Fahrzeit: 2 Std.
Charakter: Verkehrsarme Straßen, kurzer Aufstieg
Eignung: Einzelne, Vereine, Familien, Schulen, Firmen
Essen: Genießen Sie die Gastfreunschaft in den heimeligen Gasthäusern
Sehenswertes: Appenzell mit der farbenprächtigen Hauptgasse/Altstätten mit den schönen Arkaden

Deutsch-Schweizerisches Glossar

CH	D
das Velo	das Fahrrad
der Veloplausch	der Fahrradspaß/ die Fahrradtour
die Ferien	der Urlaub

Streckenbeschrieb

Der Veloplausch beginnt in Appenzell, das mit seinen 5000 Einwohnern Hauptort des kleinsten Schweizer Kantons ist. Viele bunt bemalte Häuser prägen das Bild dieses Dorfes, in dem ländliche Idylle und pulsierendes Leben vereint sind.
Entscheiden Sie sich zwischen zwei gut signalisierten Routen. Die „Belle-Route" für Genießer führt entlang der alten Eggerstandenstrasse nach Altstätten. Nach kurzem Aufstieg geht's bergab ins weite Rheintal, wo genügend Zeit bleibt für einen Bummel durch den historischen Marktfleck Altstätten.

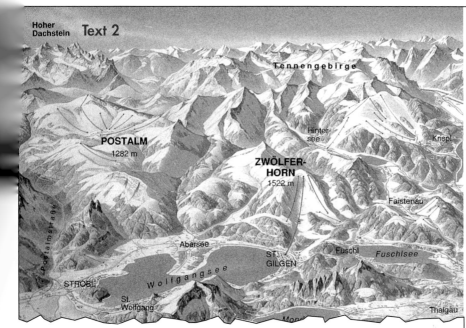

Hoher Dachstein **Text 2**

POSTALM 1282 m

ZWÖLFER-HORN 1522 m

Tennengebirge

Hinter-see

Krispl

Faistenau

Abersee

Fuschl

Fuschlsee

ST. GILGEN

Wolfgangsee

STROBL

St. Wolfgang

Thalgau

Postalmstraße

SALZKAMMERGUT
(500 m–1.540 m)

„Hier finden Sie sicherlich eine der landschaftlich reizvollsten Gegenden Österreichs. Dass man im Salzkammergut aber auch herrliche Möglichkeiten zum Skifahren vorfindet, macht diese Region ideal für einen gelungenen Familienurlaub. Der günstige ,Wolfgangsee-Skipass', gültig für die Skigebiete Zwölferhorn und Postalm, garantiert Ihnen ein unbeschwertes Vergnügen im Schnee, der überregionale ,Salzkammergut-Tennengau-Skipass' gilt sogar in 21 Skigebieten. Und auf alle Freunde des Langlaufs wartet die ,Europa-Loipe Postalm'. Mein Tipp für jedermann: Ein Ausflug in die nahe gelegene Festspielstadt Salzburg."

Abfahrten: St. Gilgen/Zwölferhorn: 2 Abfahrten, 12 km für den anspruchsvollen Skifahrer. Strobl/Postalm: besonders schönes Familienskigebiet, 11 km Abfahrten. Gültigkeitsbereich des Salzkammergut-Tennengau- und Wolfgangsee-Skipasses.

Skischulen: Strobl/Postalm ❄, St. Gilgen ❄.

Snowboard: Unterricht auf der Postalm, Verleih in Strobl.

3 Welcher Satz passt zu Text 1, welcher Satz passt zu Text 2?

a Den Skipass kann man in 21 Skigebieten in der Region benutzen.
b Appenzell ist der Hauptort des Kantons. Der Ort hat 5000 Einwohner.
c Hier gibt es besonders schöne Seen, z. B. den Fuschlsee.
d Für die Route braucht man zwei Stunden.
e Von hier aus kann man gut einen Ausflug nach Salzburg machen.
f Altstätten ist ein historischer Ort.
g Am Zwölferhorn gibt es fantastische Möglichkeiten zum Skifahren.
h Auf dem Weg gibt es sehr typische Dörfer und Gasthäuser.
i Es gibt wenig Verkehr auf den Straßen, und man kann gut Fahrrad fahren.
j Die Region gehört zu den schönsten in Österreich.

4 Was schreibt Klaus an Steven? Schreibe den Brief weiter.
Verwende Sätze aus Aufgabe 3.

Lieber Steven,
ich habe mich über deinen Brief sehr gefreut und viele Informationen gesammelt. Also, im Juli können wir in der Schweiz im "Appenzeller Land"
...

Im Winter können wir ...   Also: Was gefällt dir am besten?

5 Projekt: Besorgt euch Informationen über touristische Regionen in den deutschsprachigen Ländern und macht Plakate für euer Klassenzimmer: Österreich, Schweiz, Deutschland.

6 Grammatiksprache: Lies bitte die Sätze. Was ist das Grammatikthema? Wie heißen die grammatischen Begriffe?

Tipp: Einige Wörter sind fett gedruckt! Brauchst du Hilfe? Im Kasten findest du alle Begriffe zum Zuordnen.

X D ① Ich habe **keine** Papageien.

✓ J ② **Meine** Großmutter ist schon 80 Jahre alt.

X I ③ Gestern **bin** ich im Kino **gewesen**.

X A ④ Elvis Presley **war** ein berühmter Sänger.

X H ⑤ Peter hat zum Geburtstag ein **neues** Fahrrad bekommen.

3 / 11

X E ⑥ Wie komme ich **zum** Bahnhof, bitte?

✓ B ⑦ Das **beste** Eis gibt es in Italien.

✓ g ⑧ Ich **will** meine Hausaufgaben nicht **machen**!

X K ⑨ Wann **fängt** das Konzert am Samstag **an**?

X C ⑩ **Wie lange** dauern die Sommerferien?

X F ⑪ Du musst **über die** Brücke gehen.

9	ⓐ trennbare Verben
7	ⓑ Komparation
4	ⓒ Präteritum
5	ⓓ Adjektivendungen
3	ⓔ Perfekt
6	ⓕ Präpositionen mit Dativ
8	ⓖ Modalverben
11	ⓗ Präpositionen mit Akkusativ
10	ⓘ Fragewörter mit W
2	ⓙ Possessivpronomen
1	ⓚ Verneinung

7 Schreibe jetzt zu jedem Beispielsatz noch einen Satz mit dem gleichen Muster. Diskutiert zu zweit: Was war schwer? Was war leicht?

8 Grammatik mit Bildern: Schaut euch zuerst die Zeichnungen an. Die Zahl neben der Zeichnung bedeutet immer ein Satzmuster aus Aufgabe 6. Schreibt einen Satz mit diesem Satzmuster.

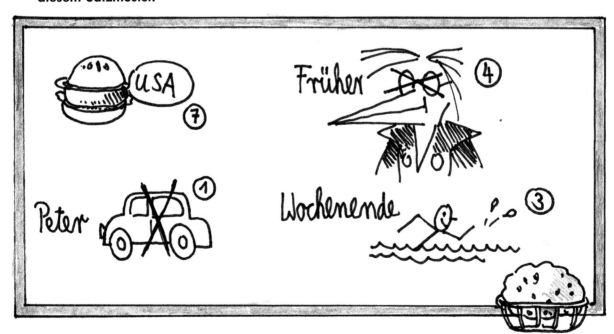

④ Früher hatte Amadeus keine Brille.

9 Zeichnet Bilder wie in Aufgabe 8 an die Tafel. Die anderen müssen raten.

0 Eine Geschichte – Lest und hört den Text in Abschnitten. Sprecht über die Fragen.

Freunde *von Gina Ruck-Pauquêt*

„Wohin willst du?", fragte der Vater.
Benjamin hielt die Türklinke fest.
„Raus", sagte er.
„Wohin raus?", fragte der Vater.
„Na so", sagte Benjamin
„Und mit wem?", fragte der Vater.
„Och ...", sagte Benjamin.
„Um es klar auszusprechen", sagte der Vater,
„Ich will nicht, dass du mit diesem Josef rumziehst!"

**Warum will der Vater nicht, dass
Benjamin mit Josef befreundet ist?**

„Warum?", fragte Benjamin.
„Weil er nicht gut für dich ist", sagte der Vater.
Benjamin sah den Vater an.
„Du weißt doch selber, dass dieser Josef ein ... na, sagen wir,
ein geistig zurückgebliebenes Kind ist", sagte der Vater.
„Der Josef ist aber in Ordnung", sagte Benjamin.
„Möglich", sagte der Vater. „Aber was kannst du schon von ihm lernen?"

**Was kannst du von deinem Freund/deiner Freundin lernen?
Was kann dein Freund/deine Freundin von dir lernen?**

„Ich will doch nichts von ihm lernen", sagte Benjamin.
„Man sollte von jedem, mit dem man umgeht, etwas lernen können", sagte der Vater.
Benjamin ließ die Türklinke los.
„Ich lerne von ihm, Schiffchen aus Papier zu falten", sagte er.
„Das konntest du mit vier Jahren schon", sagte der Vater.
„Ich hatte es aber wieder vergessen", sagte Benjamin.
„Und sonst?", fragte der Vater. „Was macht ihr sonst?"
„Wir laufen rum", sagte Benjamin. „Sehen uns alles an und so."
„Kannst du das nicht auch mit einem anderen Kind zusammen tun?"
„Doch", sagte Benjamin. „Aber der Josef sieht mehr", sagte er dann.
„Was?", fragte der Vater. „Was sieht der Josef?"
„So Zeugs", sagte Benjamin. „Blätter und so. Steine. Ganz tolle.
Und er weiß, wo Katzen sind. Und die kommen, wenn er ruft."
„Hm", sagte der Vater. „Pass mal auf", sagte er. „Es ist im Leben wichtig,
dass man sich immer nach oben orientiert."
„Was heißt das", fragte Benjamin, „sich nach oben zu orientieren?"
„Das heißt, dass man sich Freunde suchen soll, zu denen man aufblicken kann.
Freunde, von denen man etwas lernen kann. Weil sie vielleicht ein bisschen klüger sind als man selber."
Benjamin blieb lange still.

Was antwortet Benjamin dem Vater?

„Aber", sagte er endlich, „wenn du meinst, dass der Josef dümmer ist als ich, dann ist es doch gut für den Josef, dass er mich hat, nicht wahr?"

Was glaubt ihr, wer hat Recht, der Vater oder Benjamin? Diskutiert in der Klasse.

1 Paragraphen für Jugendliche bei euch und in Deutschland. Was dürfen Jugendliche wann

a Wie ist das bei euch?

Sebastian ist 13.
Er möchte ein neues
Fahrrad. Das kostet
250 €. In den Ferien
kann er im Supermarkt
arbeiten, jeden Tag
8 Stunden.

Darf er das?

Gabi und Tina sind 15.
Heute Abend ist ein Konzert.
Es beginnt um 21 Uhr 30
und dauert zwei Stunden.
Gabis Bruder geht auch mit.
Er ist 19.

*Dürfen sie das Konzert
besuchen?*

Yvonne hat zum
15. Geburtstag von den
Großeltern ein Moped
bekommen. Sie hat
sich sehr gefreut.

*Darf sie damit gleich
losfahren?*

b Das Gesetz in Deutschland sagt:

Bis 14 ist man Kind. Zwischen 14 und 18 ist
man Jugendliche/r. Jugendliche unter 16
dürfen in Kneipen, Gasthäuser, Restaurants und
auch in die Disko. Aber ein Erwachsener muss
mitkommen. Sie dürfen nicht rauchen und auch
keinen Alkohol kaufen oder trinken. Ab 16 dürfen
sie auch rauchen oder Alkohol trinken. Ab 16
dürfen sie bis 24 Uhr auch allein in Kneipen und
Diskos gehen.

Übrigens: Ab 16 darf man heiraten. Ein Partner
muss über 18 sein, und man muss die Eltern fragen.

Schüler ab 13 dürfen in den Ferien arbeiten, aber
nur zwei bis drei Stunden am Tag, zum Beispiel
Zeitungen austragen. Die Arbeit darf nicht zu
schwer sein. In Touristenregionen, für Kinderstars
und in der Landwirtschaft gibt es Ausnahmen.

Mit 15 darf man Mofa fahren. Aber es darf nicht
schneller als 25 km in der Stunde (25 km/h) sein.
Mit 16 darf man Moped fahren (40 km/h), aber
noch kein Auto. Autos und Motorräder darf man
erst ab 18 fahren.

2 Der Text hat vier Absätze. Wo findest du die Antworten auf diese Fragen?

– Mit 15 ist man kein Kind mehr. Stimmt das?
– Darfst du mit 16 allein in eine Kneipe gehen?
– Darf man mit 13 fünf Stunden am Tag Zeitungen austragen?
– Darf man in Deutschland mit 16 Auto fahren?

3 Stimmt das?

– Mit 16 darf man noch nicht Motorrad fahren.
– Für Kinderarbeit gibt es auch in Touristenregionen keine Ausnahme.
– Mit 15 darf man nicht rauchen und auch noch keinen Alkohol trinken.

Der Adjektivhut.

Spielregeln

– Teilt die Klasse in zwei Gruppen, A und B.
– Jede Gruppe hat einen Adjektivspezialisten.
– Gruppe A zieht ein Adjektiv aus dem Hut, z.B. „rot".
  Gruppe B auch: „rund".
– Frage: Was ist rot und rund?
– Wer zuerst eine gute Antwort findet, bekommt den Punkt.

5 *Der/das/die* – Spiel: Hier sind dreißig Nomen. Wie heißen die Artikel?

Abend · Abendessen · Auto · Bahnhof · Burg · Ei · Fest · Film · Foto · Freund · Füller ·
Hausnummer · Hotel · Käse · Kiosk · Komponist · Konzert · Kreuzung · Leben · Luftballon ·
Mäppchen · Maus · Mensa · Nacht · Pferd · Pinguin · Riesenrad · Schere · Schweiz ·
Straße · Zeitung

Spielregeln

– Ihr habt zwei Minuten Zeit zum Überlegen.
– Teilt die Klasse dann in drei Gruppen:
  der-Gruppe, *das*-Gruppe, *die*-Gruppe.
– Eine Schülerin liest die Nomen vor.
– Die Gruppe, zu der das Nomen passt, steht auf.
– Wer beim falschen Artikel aufsteht, scheidet aus.
– Die Gruppe mit den meisten Schülerinnen und Schülern
  am Ende hat gewonnen.

6 **Laufdiktat.**

Immer 2 Schüler/Schülerinnen arbeiten zusammen. Eure Lehrerin/Euer Lehrer hat einen
kleinen Text mitgebracht. Schüler A diktiert Schüler B den ersten Teil. Dann diktiert Schüler
B den zweiten Teil an Schüler A. Welches Paar hat die wenigsten Fehler?

7 **Film und Fernsehen – Internationale Stars: Wie heißen die Schauspieler auf den Fotos? Wie findest du alte Schwarzweißfilme?**

8 **Ein deutscher „Film-Klassiker". Das Cover von einer Videokassette. Welche Informationen findest du? Ordne zu.**

ⓐ Titel   ⓒ Was passiert?   ⓔ Jahr/Land
ⓑ Welche Schauspieler?   ⓓ Szenenfotos   ⓕ Dialog aus dem Film

DIE FEUERZANGENBOWLE

Heinz Rühmann in dem Klassiker des deutschen Lustspielfilms.

„Wie heißen Sie?"
„Pfeiffer".
„Mit wieviel F's?"
„Mit dreien: Eins vor dem Ei, zwei nach dem Ei."

Der erfolgreiche Schriftsteller Dr. Pfeiffer stellt bei einer abendlichen Feuerzangenbowle mit Freunden fest, daß er die „eigentliche" Schule nie kennengelernt hat, da er durch einen Privatlehrer erzogen worden ist. Darauf beschließt er, noch einmal die Schulbank zu drücken, wobei er mit seinen Streichen nicht nur die Schule, sondern sein ganzes Heimatstädtchen auf den Kopf stellt.

Darsteller: Heinz Rühmann
Karin Himboldt
Hilde Sessak

Regie: Helmut Weiss
Produktion: Terra
Herstellungsjahr: 1944
Herstellungsland: Deutschland

 9 **Eine Filmszene aus der *Feuerzangenbowle*: Wer sind die Personen? Wo spielt die Szene? Was passiert?**

**10 Lies den Text und schreibe Fragen zu den Zahlen im Text.
Wann? Wie lange? Wie viel? Mit wie viel Jahren?**

Film- und Fernsehliebling der Nation. Heinz Rühmann ist am 7. 3. 1902 in Essen geboren. Er verließ mit 17 Jahren die Schule und wurde Schauspieler am Theater. Anfangsgage: 40,– € pro Monat. Dann kam der Film.

Über 60 Jahre lang spielte er alle Rollen: Schüler und Lehrer, Clown und Direktor, Mann und Frau. Auch als Sänger war er im Film erfolgreich. So erfolgreich, dass man 1994 ein altes Lied neu produzierte. Heinz Rühmann starb 1994 im Alter von 92 Jahren.

**11 Ein Lied mit Heinz Rühmann aus dem Jahr 1930. Neu gemixt 1994.
Lies den Text. Höre das Lied und ordne die Zeilen.**

① Ein Freund, ein guter Freund,

② drum sei doch nicht betrübt,

③ das ist das Schönste, was es gibt auf der Welt,

④ wenn dein Schatz dich nicht mehr liebt,

⑤ ein Freund bleibt immer Freund,

⑥ ein Freund, ein guter Freund,

⑦ und wenn die ganze Welt zusammenfällt,

⑧ das ist der größte Schatz, den's gibt.

12 Wie viele Fragen kannst du zum Text schreiben?

Arnold Schwarzenegger:
Ein amerikanischer Traum

Ein junger Gewichtheber aus Österreich packte 1968 seine Sporttasche und machte sich auf die Reise in die USA. Er wollte schnell berühmt werden. Deshalb nahm er sich sofort einen Publicity-Agenten: „Arnie, es spricht dreierlei gegen dich: Du hast einen komischen Körper, einen komischen Namen und einen komischen Akzent."
Stimmt, aber wo ist das Problem? Mit einem ungewöhnlichen Körper kann man ungewöhnlich viel Geld verdienen, den Nachnamen lassen die Amis sowieso nach fünf Minuten weg, und der Akzent ist prima für Talkshows.
Bald verdiente Schwarzenegger die höchsten Gagen in Hollywood und hatte meistens den kürzesten Text zu lernen: „Hasta la vista, baby!"

1) Woher kommt Arnold Schwarzenegger?
2)

A Freundschaft, Partnerschaft, Kontakte

1 Welches Foto passt am besten zu dir?

Der beste Freund für Nina ist Mister Allister. Sie sorgt für ihn, er vertraut ihr. „Mister Allister freut sich tierisch, wenn ich komme. Mit ihm in der Natur fühle ich mich frei!"

Frank und Kolja sind die dicksten Freunde. Sie machen einfach alles zusammen. Frank: „Auf Kolja kann ich mich hundertprozentig verlassen, mit ihm kann man Pferde stehlen!"

Die beste Freundin von Vera ist Nilgün. Leider gehen sie nicht in dieselbe Klasse, aber in ihrer Freizeit sind sie ständig zusammen. Am liebsten unterhalten sie sich über ihr Lieblingsthema: Jungen.

Annette und Thomas sind seit vier Monaten feste Freunde. Bei einer Klassenparty hat Thomas sie gefragt, ob sie mit ihm gehen will. „Ich war total aufgeregt! Aber ich konnte glücklicherweise noch ja sagen."

2 Zu jedem Text passt eine Aussage. Ordne sie zu.

a Ich bin im Moment total verliebt!
b Tiere sind bessere Freunde als Menschen.
c Jungen sind manchmal richtig blöd.
d Nächstes Jahr wollen wir eine Radtour in Polen machen.

**Wie muss ein guter Freund/eine gute Freundin sein? Lies die Adjektive.
Schreibe die drei wichtigsten ins Heft. Benutze das Wörterbuch.**

treu	verschwiegen	liebevoll
intelligent	stark	lustig
zuverlässig	mutig	ehrlich
unpünktlich	offen	hilfsbereit
sportlich	aufmerksam	fröhlich

> rut), die sich immer wiederholt
> **treu**, *treuer, treu(e)st-; Adj*; **1** ⟨ein Freund⟩ so, dass er
> e-e freundschaftliche Beziehung zu einem hat, die
> voll Vertrauen ist u. lange dauert **2** ohne sexuelle
> Beziehungen außerhalb der Ehe bzw. der festen
> Partnerschaft ↔ untreu ⟨j-m t. sein, bleiben⟩ **3** ⟨ein
> Anhänger, ein Fan, ein Kunde, ein Mitarbeiter⟩ so,
> dass sie über lange Zeit mit j-m/etw. verbunden
> bleiben **4** *seinen Grundsätzen, Prinzipien usw. t.*

4 Welche Eigenschaften passen zu deinem besten Freund/deiner besten Freundin?

5 Ein Leserbrief und Tipps: Welchen Tipp findest du am besten?

> **Ich habe keine Freunde!**
> Vor vier Monaten bin ich mit meinen Eltern von Hannover
> nach Koblenz gezogen. Früher hatte ich viele Freunde, aber
> seit dem Umzug bekomme ich nur noch von meiner besten
> Freundin aus Hannover Post. Jetzt bin ich schrecklich einsam.
> Was kann ich nur tun?
> *Hannah, 15 Jahre*

Dipl.-Psych. Christine Saure

Das Problem von Hannah haben viele Schüler. Hier sind vier

Tipps und Tricks zum Kennenlernen

1 Hilfsbereit sein
Dein Klassenkamerad/Deine
Klassenkameradin hat Probleme
mit den Hausaufgaben. Frag, ob
du ihm oder ihr helfen kannst.
Oder frage, ob jemand dir helfen kann.

2 Aufmerksam sein
Weißt du die Geburtstage
von Mitschülern oder Bekannten?
Gratuliere ihnen!

3 Offen sein
Du bist in einer Boutique. Ein netter
Typ probiert eine neue Jeans.
„Steht dir gut!" Am besten klappt's
mit einem Lächeln, und schon ist
man im Gespräch.

4 Trickreich sein
Du kaufst im Vorverkauf zwei
Kinokarten. Später erklärst du einem
netten Typ in der Warteschlange, dass
deine Freundin nicht kommen konnte.
Frag ihn, ob er die Karte haben will.

6 Welche Sprechblase passt zu welchem Tipp?

> Entschuldige,
> kannst du mir mal
> helfen?

> Hallo, hier liegt ein
> Schlüssel. Gehört
> der euch?

> Wie findest du
> diese Jeans? Steht
> die mir?

> Wie gefällt dir
> eigentlich die Musik
> von „Nirvana"?

> Na, schmeckt es
> Ihnen?

> Kommst du mit
> uns ins Kino?

> Hier, Stefan, das ist
> für dich.

7 Hört die Kassette. Wo ist das: in der Klasse, im Plattenladen, zu Hause, … ?
Wählt eine Situation aus und spielt sie im Kurs.

B Personalpronomen im Dativ: *mir, dir, ...*

8 Wiederholung: Ergänze die Pronomen im Nominativ und Akkusativ.

Personalpronomen

Nominativ	Akkusativ	Dativ
ich	mich	
du		

9 Schreibe die Dativpronomen aus den Aufgaben 5 und 6 heraus und ordne sie in die Tabelle.

 10 Mache eine Liste der Verben mit Dativ aus Einheit 9. Kontrolliere mit der Kassette.

GR

Nominativ	Verb	Dativ	Infinitiv
Das	gefällt	mir.	gefallen + D
Das Buch	gehört	ihm.	gehören + D

Lerntipp   Es gibt nicht viele Verben mit Dativ. Am besten lernst du sie auswendig.

11 Verben mit Dativ lernen: Schreibe Übungskarten und übe mit deinem Partner.

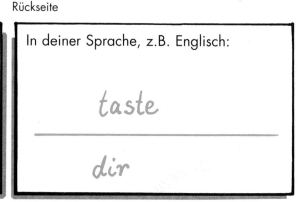

Vorderseite

schmecken + D
(schmeckte, hat geschmeckt)
Hat d.. das Essen geschmeckt?

Rückseite

In deiner Sprache, z.B. Englisch:

taste

dir

12 Verben mit Dativ im Satz: Schreibe Sätze zu den Satzmustern.

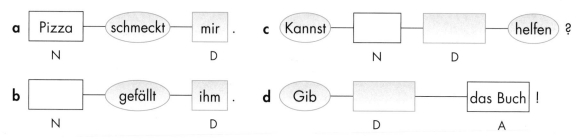

a Pizza — schmeckt — mir .
   N   D

c Kannst — [   ] — [   ] — helfen ?
            N   D

b [   ] — gefällt — ihm .
   N   D

d Gib — [   ] — das Buch !
         D   A

13 Schreibt Satzmuster an die Tafel. Wer findet passende Sätze?

14 Guten Tag, wie geht's? Ergänze die Begrüßungen.

○ Hallo, Marion, wie
geht es … ?
● Danke, … geht's gut.

○ Hallo, Jürgen, hallo, Sabine,
wie geht's … ?
● Super! … geht's immer gut.

○ Herr Rössel, Frau Rössel!
Herzlich willkommen! Wie
geht es …?
● Danke, ausgezeichnet.

15 Schreibt und spielt die Dialoge.

Situation 1:

*Michael hat Probleme mit dem
Computer. Er ruft Udo an.*

Was fragt Michael?
Was antwortet Udo?

Situation 2:

*Im Restaurant: Ein Gast hat ein
Steak gegessen. Der Kellner kommt.*

Was fragt der Kellner?
Was antwortet der Gast?

Situation 3:

*Christine hat eine neue
Frisur. Sie besucht Claudia.*

Was fragt Christine?
Was antwortet Claudia?

Situation 4:

*In der Schule. Henning will nach
Hause. Der Hausmeister kommt.
Er hat ein Englischbuch in der Hand.*

Was fragt der Hausmeister?
Was antwortet Henning?

16 Ein Liebesbrief. Ergänze die Pronomen im Nominativ, Akkusativ oder Dativ.

*Liebe Susi,
du gefällst ♡(1). Gefalle ich ♡(2) auch? Oder gefällt
♡(3) Peter? Vorsicht, vertrau ♡(4) nicht. Denn er liebt
♡(5) nicht. Er geht mit Eva. Er gehört ♡(6), nicht ♡(7).
Du kannst ♡(8) ruhig glauben. Denn ich will nur das Beste
für ♡(9). Du und ♡(10), ♡(11) sind das ideale Paar. Also: liebst
♡(12) mich? Antworte ♡(13) bald! Ich warte auf ♡(14).
In Liebe   dein Nicolas*

A Mode – Über Geschmack streitet man nicht, oder?

1 Lehrerinnen und Lehrer. Wer ist am besten gekleidet?

der Anzug	die Schuhe	die Bluse	das T-Shirt	der Schal
(das Sakko, die Hose)	das Kleid	der Rock	die Aktentasche	die Jacke
die Krawatte	die Halskette			die Lederhose
das Hemd	die Handtasche			der Rucksack

 2 Höre die Kassette und vergleiche mit dem Foto. Wer ist wer?

3 Schülermeinungen über Lehrer und Mode. Zwei Farben in den Zusammenfassungen stimmen nicht.

Sabine	**Alex**	**Ismi**
Sabine findet, dass die Frau im schwarzen Kleid am besten gekleidet ist. Die Farbe Schwarz ist immer aktuell, und das Kleid ist modern. Der Mann mit der roten Krawatte gefällt ihr nicht so gut. Sie findet den braunen Anzug langweilig.	Ihm gefällt die Frau ganz rechts, weil sie sehr locker aussieht. Vor allem die schwarze Lederhose findet er toll. Die Kleidung von der Frau in der Mitte findet er ein bisschen altmodisch. Die weißen Schuhe passen nicht.	Sie findet den Mann mit den langen Haaren und dem lila T-Shirt am interessantesten. Nur die Lederschuhe sind langweilig. Er ist eigentlich ein Turnschuh-Typ. Die blaue Tasche von der Frau ganz in Schwarz mag sie auch.

4 Wie findest du die Lehrer? Bei wem möchtest du Unterricht haben?

5 Schau das Foto auf Seite 42 noch einmal eine Minute an. Schließe dann das Buch. Welche Kleidungsstücke sind auf der Seite? Welche Farben?

6 Schüler und Mode: Wer gefällt dir am besten/am wenigsten? Begründe deine Meinung.

Das kann man doch nicht anziehen. So kann man doch nicht rumlaufen!

Das ist ja irre! Echt originell.

7   Lies die Meinungen unten. Wer denkt wie Mathias?

Teure Klamotten find ich blöd!

„Bei uns in der Klasse werden nur teure Sachen angezogen. Wer sich das nicht leisten kann, wird schief angeguckt. Ich finde das Quatsch. Man soll einen Menschen nicht nach den Klamotten beurteilen."
Matthias Grieschäfer, 13, Dinslaken

Matthias, du hast Unrecht. Jeder Jugendliche zieht gerne das an, was „in" ist. Zum Beispiel bestimmte Turnschuhe.
Marcel Reif, 15, Salzburg

Bei mir ist es ganz anders. Ich ziehe eigentlich nur topmodische Klamotten an. Weil ich der Einzige in der Klasse bin, ärgern mich die anderen oft wegen meiner „seltsamen" Mode.
Mario Bohrmann, 13, Edingen

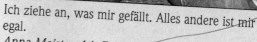

Ich ziehe an, was mir gefällt. Alles andere ist mir egal.
Anna Meister, 14, Felsberg

Nike-Schuhe 100 €, Benetton-Pullover 75 €, T-Shirt von Lacoste 50 € … Das können wir uns nicht leisten. Wir tragen Secondhand-Klamotten und Waren aus Sonderangeboten, die sind billiger, und wir sind trotzdem sehr zufrieden!!!
Nico und Dennis, 14, Zürich

Ich trage nur Klamotten von Diesel, Levis, Esprit, Benetton, weil ich Marken-Klamotten besser finde. Eine Levis-Jeans hält auch viel länger als eine Jeans aus einem Billigladen. Außerdem ist sie besser geschnitten.
Sarah Husch, 15, Hamburg

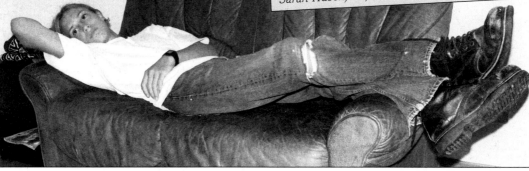

8   Zu wem passen die Sätze?

- Marken-Klamotten sind einfach zu teuer. *Nico, Dennis & Mattias*
- Die Qualität von Marken-Klamotten ist aber besser. **Sarah**
- Nicht jeder kann viel Geld für Kleidung ausgeben. *Nico, Dennis*
- Ein „guter" Charakter ist wichtiger als „gute" Kleidung. *Marcel Mattias*
- Es ist ein Problem, wenn einer anders aussieht als die anderen. *Mario*
- Jeder soll anziehen, was ihm am besten gefällt. *Anna*
- Mode ist überhaupt nicht wichtig. *Mario Anna*

9   Was meinst du? Schreibe einen Leserbrief.

3 Kleider kaufen

10 Eine Bildergeschichte: Kennst du die Situation?

11 Vier Einkaufssituationen: Höre die Kassette. Mache eine Tabelle wie unten im Heft und notiere:

Was wollen die Kunden? Was kosten die Kleidungsstücke?

	Kleidungsstück	Größe	Farbe	Preis
Situation 1				
Situation 2				
Situation 3				
Situation 4				

12 Einkaufen: Lies die Sätze, ordne zu und schreibe deinen eigenen Sprachbaukasten ins Heft.

Ich hätte gern eine Levis-Jeans.	Haben Sie das Sweatshirt auch in Größe XL?	Die ist mir zu klein.
Ja, die gefällt mir. Die nehme ich.	Guten Tag, können Sie mir helfen? Ich suche eine Bluse.	Am liebsten schwarz. Blau ist auch in Ordnung.
Prima. Wo kann ich bezahlen?	Ich möchte nicht mehr als 45 Euro ausgeben.	Ich brauche eine neue Jeans.

Sagen, was ich möchte	Sagen, wie groß, wie teuer, Farbe	Sagen, was mir gefällt	Sagen, was mir nicht gefällt
Ich hätte gern ...			

13 Schreibe den Dialog ins Heft.

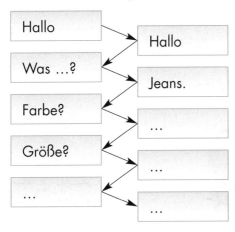

Hallo → Hallo

Was ...? → Jeans.

Farbe? → ...

Größe? → ...

... → ...

14 Beschreibe das Foto.

15 Ein Telefongespräch: Höre die
Kassette und fasse den Inhalt
im Heft kurz zusammen.

Wer? Was? Wann? Wohin?

C Verben mit Reflexivpronomen: *sich ärgern, sich freuen*

16 Ein Satz ist falsch. Korrigiere mit dem Wörterbuch.

1. Tschüs, Sabine, ich habe mich sehr
   über deinen Anruf gefreut.
2. Uff, noch zwei Wochen Schule.
   Ich freue schon riesig auf die Ferien.
3. Pralinen? Für mich? Darüber freue
   ich mich aber!

> loses Dasein ‖ hierzu **Freud·lo·sig·keit** *die; nur Sg*
> **freu·en**; *freute, hat gefreut*; ⟨Vr⟩ **1 sich (über etw.**
> **(Akk))** *f.* wegen etw. ein Gefühl der Freude empfin-
> den ⟨sich sehr, ehrlich, riesig *f.*⟩: *sich über ein Ge-*
> *schenk, e-n Anruf f.; Ich habe mich sehr darüber*
> *gefreut, dass wir uns endlich kennen gelernt haben;*
> *Ich freue mich, Sie wiederzusehen* **2 sich auf j-n /**
> **etw.** *f.* j-s Ankunft, Besuch *o. ä.* / ein bestimm-
> tes Ereignis mit Spannung u. Freude erwarten:
> *sich auf den Urlaub f.; Ich freue mich schon auf*
> *dich!;* ⟨Vt⟩ **3 etw. freut j-n** etw. macht j-n froh od.
> glücklich: *Dein Lob hat ihn sehr gefreut; Es freut*
> *mich, dass du auch mitkommst* ‖ NB: kein Passiv! ‖

17 Vergleiche die Formen. Was ist anders?

Das kennst du schon:	Das ist neu:
Personalpronomen im Akkusativ	**Reflexivpronomen im Akkusativ**
Kalte Welt	Schöne Welt
Du verstehst **mich** nicht.	Ich freue **mich**.
Ich verstehe **dich** nicht.	Du freust **dich**.
Sie versteht **ihn** nicht.	Er freut **sich**.
Er versteht **sie** nicht.	Sie freut **sich**.
Die Mutter versteht **es** nicht.	Es freut **sich**.
Niemand versteht **uns**.	Wir freuen **uns**.
Niemand versteht **euch**.	Ihr freut **euch**.
Niemand versteht **sie**.	Sie freuen **sich**.

Lerntipp Reflexivpronomen sind einfach für dich: Du merkst dir nur **sich**.

18 Worüber kann man sich ärgern oder freuen?

ich/wir · mein Freund/meine Freundin · mein Lehrer/meine Lehrerin ·
meine Eltern · das Wetter · gute/schlechte Noten · die Ferien · ...

Ich ärgere mich über Amadeus!

Daphne Williams (handwritten)

A Körperteile

ear / das Ohr
eye / das Auge
nose / die Nase
mouth / der Mund

das Knie / kr
das Bein / leg
die Hand / ha
der Finger / f
der Fuß / foo or

der Kopf / *head*
das Haar / *hair*
das Gesicht / *face*
der Zahn / *teeth*
der Hals / *neck*
der Rücken / *Back*

der Arm / Arm
die Schulter / *shoulder*
die Brust / *chest*
der Bauch / *stomach*

1 Finde im Suchrätsel die Pluralformen der Körperteile und mache eine Liste im Heft.

das Auge, die Augen (handwritten)

					w	o						i	r				
r	k	x						e							o	ü	b
m	n	a					s	i	l	b	o	r	z	u	ü	ß	e
e	i	s	ä	o	h	r	e	n	c	q	ß						i
r	e	s	n	v						u	ö	ü	h	l	k	ä	l
m					r	s										h	e
p	x	k	e	r	a	u	q					m	e	b	n	r	t	s

3 Idole

2 Wen findest du schön?

Nasty Boys

Jimi Hendrix

Johnny Depp

Linda Perry (4 Nonblondes)

Steffi Graf

Whitney Houston

3 Jugendliche erzählen über ihre Vorbilder: Höre den Text von der Kassette.

a Welche Vorbilder haben Daniel, Alex, Madett und Gus?

b Was finden Daniel, Alex, Madett und Gus besonders gut an ihren Vorbildern? Ordne zu.

eine gute Figur · ein schönes Gesicht · schöne Haare · Charakter · Ausstrahlung · gut gebaut und auch was im Kopf · schön stark

c Was finden Daniel, Alex, Madett und Gus noch gut?

C Adjektive vor dem Nomen: etwas beschreiben

GR **4** **Erinnerst du dich noch an diese Aussagen?**

Die neue Französisch-
lehrerin Katrin Helmrichs
hat hellblaue Augen.

Frank und Kolja sind die
dicksten Freunde.

Cindy Crawford hat eine
gute Figur.

Wie verändern sich die Adjektive vor dem Nomen? Hier sind zwei Hilfen:

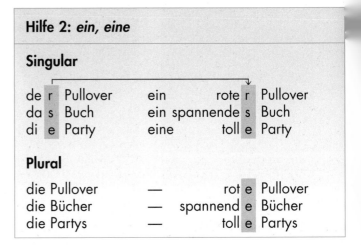

Hilfe 1: *der, das, die*		
Singular		
der	rot**e**	Pullover
das	spannend**e**	Buch
die	toll**e**	Party
Plural		
die	rot**en**	Pullover
die	spannend**en**	Bücher
die	toll**en**	Partys

Hilfe 2: *ein, eine*				
Singular				
de**r** Pullover		ein	rote**r**	Pullover
da**s** Buch		ein	spannende**s**	Buch
di**e** Party		eine	toll**e**	Party
Plural				
die Pullover		—	rot**e**	Pullover
die Bücher		—	spannend**e**	Bücher
die Partys		—	toll**e**	Partys

5 **Übe die Adjektivendungen: Nominativ und Akkusativ.**

Ein Beispiel:

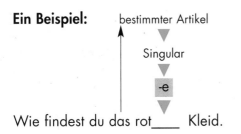

bestimmter Artikel

Singular

-e

Wie findest du das rot____ Kleid.

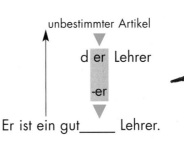

unbestimmter Artikel

d **er** Lehrer

-er

Er ist ein gut____ Lehrer.

Und jetzt du:

Wie gefällt dir die neu__ CD von K2?
Die lang__ Haare von Jimi Hendrix
finde ich doof.
Hast du den neuen Film mit Jonny Depp
gesehen?

Hast du schon wieder eine neu__ CD?
Ich finde lang __ Haare klasse.

Was? Es gibt einen neu__ Film mit Jonny
Depp?

6 **Arbeite mit der Kassette. Übe die Adjektivdeklination.**

7 **Sammeln, ordnen, systematisieren: Adjektive im Dativ. Lies die Sätze. Was bleibt gleich?**

der Hut: Unseren Direktor sieht man oft mit einem <u>grünen</u> Hut.
das Auto: Die Lehrerin mit dem <u>roten</u> Fahrrad ist neu an unserer Schule.
die Cafeteria: In der <u>neuen</u> Cafeteria ist es sehr gemütlich.
die (Pl.) die Punkte: Ich trage gerne schwarze Blusen mit <u>großen</u> <u>weißen</u> Punkten.

Kannst du die Regel ergänzen?
Adjektive mit Artikel sind im Dativ kein Problem: Am Ende muss immer -... stehn.

Alles schön und gut?

8 Lesestrategien: Eine Minute lesen. Wie viele Informationen findest du?

Tina – Das Mädchen aus der Werbung

Tina tut nichts Besonderes für ihr Aussehen. Sie sieht auch ohne Schminke und sportliches Training gut aus. Tina arbeitet gelegentlich für eine Modell-Agentur. Diese
5 Agentur vermittelt schöne Frauen und Männer für Werbeaufnahmen und Modenschauen. Tina macht oft Werbeaufnahmen für Modekataloge. „Es macht mir Spaß", meint Tina. „Ich mag meinen Nebenjob,
10 denn man kann reisen und lernt viele interessante Leute kennen." Nach der Schule möchte Tina noch einige Zeit als Modell weiterarbeiten.
Ihre Eltern freuen sich, dass Tina so viel Er-
15 folg hat. Andererseits sagen sie: „Vergiss die Schule nicht. Sie ist wichtiger als gutes Aussehen." Und die Freunde? „Am Anfang, als ich einen Schönheitswettbewerb gewonnen hatte, gab es viele hässliche Bemerkun-
20 gen. Viele Mädchen waren neidisch. Ich war darüber sehr geschockt. Wenn man gut aussieht, hat man vielleicht nicht so viele Freunde, wie man glaubt."
Simona (16), Tinas Freundin, sagt: „Ich finde
25 wichtig, dass Tina trotz ihres Erfolges als Modell genauso nett wie früher ist. Natürlich, sie ist wirklich sehr hübsch, und manche Mitschüler denken: Sie ist bestimmt ein-

gebildet und arrogant. Aber ich glaube, sehr
30 viele Jugendliche sind neidisch oder haben Vorurteile. Wenn wir zusammen einkaufen gehen, bewundern viele Jungen Tina. Manchmal ist Schönheit auch lästig. Man fällt überall auf. Vielleicht möchten schöne
35 Menschen viel lieber ganz normal aussehen und in ein Café gehen, ohne angestarrt zu werden."

9 Wo steht das im Text?

– Tina schminkt sich nicht.
– Tina hat einen Nebenjob.
– Tina findet ihren Beruf interessant.

– Tina hatte Probleme mit Freunden.
– Es ist nicht immer nur positiv,
  wenn man gut aussieht.

10 Gut aussehen hat Vorteile und Nachteile. Finde jeweils zwei weitere Informationen.

Vorteile:
1) Sie kann als Modell arbeiten.
   (Zeile 3/4)
2) Als Modell ...

Nachteile:
1) Viele Mädchen sind neidisch.
   (Zeile 18/19)
2) Man hat nicht ...

A Die Geschichte der Kommunikation

1 Kommunikation heißt: eine Nachricht von einem Sender zu einem Empfänger
transportieren. Welche Techniken kennst du? Welche hast du schon benutzt?

ein Faxgerät · ein Telefon · einen Anrufbeantworter · ein Telegramm · E-Mail (Briefe
von Computer zu Computer) · eine Brieftaube · eine Flaschenpost · eine Postkutsche ·
Morsezeichen · ...

2 **Vor dem Lesen Hypothesen!**
Die Geschichte der Kommunikation: Was wisst ihr schon? Namen, Daten, Orte?

1 Antike und Mittelalter

Feuertelegramme, Postkutschen und Brieftauben. Im antiken Griechenland gab es Kuriere für wichtige Nachrichten. Am bekanntesten ist die Sage vom „Marathon-Läufer". Der Dichter Aischylos berichtete
5 um 490 v. Chr. über eine andere Methode der Nachrichtentechnik: das Feuertelegramm. Diese Methode funktionierte so: Wenn eine Armee im Krieg gewonnen hatte, machten die Soldaten auf einem Berg ein Feuer. Auf dem nächsten Berg machte man das
10 nächste Feuer an und so weiter. Die Feuertelegramm-Methode benutzte man auch in China und Japan. Heute erinnert noch der Satz „Die Nachricht verbreitete sich wie ein Lauffeuer" an diese schnelle Methode der Kommunikation. Die Indianer in Nordamerika benutzten Rauchzeichen.
15
Im Mittelalter baute man in Europa mehr Straßen und transportierte Nachrichten mit Pferden und Kutschen. Im Jahre 1489 gründete Franz von Taxis dann die erste Postkutschen-Linie in Europa – von Innsbruck nach Brüssel. Im Orient gab es auch
20 Brieftauben-Postlinien, um wichtige Nachrichten zu transportieren.

2 Das 19. Jahrhundert – Fortschritt durch Elektrizität

Im 19. Jahrhundert machte die Elektrizität große Fortschritte in der Kommunikationstechnik möglich. Samuel Morse entwickelte 1837 in Amerika den ersten Schreib-Telegrafen. Bis heute verwendet man
5 sein „Morse-Alphabet". Im gleichen Jahr baute Werner von Siemens in Preußen seinen ersten Telegrafen. Siemens gründetet später eine Firma und baute ein Telegrafennetz auf. 1858 legte man das erste Seekabel von England nach Amerika. Vorher
10 musste man Briefe mit dem Schiff schicken – jetzt konnte man telegrafieren.

In mehreren Ländern arbeiteten Erfinder zur gleichen Zeit am Telefon. Auch Philip Reis in Deutschland. „Ein Pferd frisst keinen Gurkensalat". Philip Reis stellte mit diesem Satz 1861 seine Erfindung, das
15 „Telephon" vor. Aber niemand interessierte sich für das „Spielzeug".
Auch Alexander Graham Bell in den USA kannte das Patent von Reis. Er entwickelte die Idee weiter und bald gab es in Amerika die ersten Telefonnetze –
20 zuerst in Boston. Ab 1880 konnte man dort schon öffentliche Telefonzellen benutzen. Das Telefon ist heute das wichtigste Kommunikationsmittel.

3 Sammle internationale Wörter in den Texten 1 und 2.

4 Hier sind Stichwörter aus den Texten. Welche gehören zusammen?

1837	Indianer	Morse-Alphabet
Im 19. Jhdt.	Samuel Morse	Postkutschenlinie
1861	Aischylos	Fortschritt
1489	Philip Reis	Feuertelegramm
490 v. Chr.	Franz von Taxis	Rauchzeichen
	Elektrizität	Telefon

490 v. Chr.
Aischylos
Feuertelegramm

5 Welche Verben passen zum Thema?

A
Sammle Verben im Heft.

erfinden *Erfindungen*

B
Hier sind 8 Verben: Welche 5 passen am besten zu dem Thema „Erfindungen"?

gewinnen
· schreiben · benutzen · funktionieren ·
· vergessen · bauen · erfinden · entwickeln ·

6 Höre die Kassette. Welche Wörter kannst du erkennen?

7 Diese Zeitangaben findest du in Texten über „Geschichte". Lies die Beispiele und bearbeite danach Aufgabe 8.

- Um 490 v. Chr. berichtete der Dichter Aischylos über Feuertelegramme.

- (Im Jahre) 1489 gründete Franz von Taxis die erste Postlinie in Europa.
- Die Elektrizität machte im 19. Jahrhundert große Fortschritte möglich.
- Ab 1880 konnte man in Boston telefonieren. Seit 1880 konnte man in Boston telefonieren.
- S. Morse entwickelte 1837 die Telegrafie.
- 1858 legte man ein Kabel von England nach Amerika.
- Das heißt: Von 1837 bis 1858 konnte man noch nicht nach Amerika telegrafieren.

- Die Abkürzung heißt „vor Christus", also vor dem Jahr „0". „Um" mit Jahreszahl heißt, man kennt das Datum nicht genau.
- Oft steht die Jahreszahl im Satz am Anfang ohne „im Jahre".
- 1800 bis 1899. 100 Jahre sind ein Jahrhundert.
- D. h.: seit diesem Jahr, bis heute.

- Die Zeitangabe steht nach dem Verb.
- Die Zeitangabe steht am Anfang.

- „Von … bis …" beschreibt einen Zeitraum. (Jahre / Stunden / Minuten …).

8 Ergänze die Zeitangaben in den Sätzen.

a ... stellte Philip Reis sein Telefon vor. **b** ... gab es in Boston öffentliche Telefonzellen.
c ... berichtete Aischylos über die Methode „Feuertelegramm". **d** Samuel Morse entwickelte
... das Morse-Alphabet.

B Grammatik: Sätze mit Zeitangaben und Dativ; Präteritum

GR

9 Zeitangaben *seit* und *vor* mit Dativartikel: Lies die Beispiele und vergleiche. Wann verwendet man *seit* und wann *vor*?

		seit
Singular	der Monat	Seit ein**em** Monat mache ich eine Diät. (Ich habe bis heute schon 5 Kilo weniger.)
	das Jahr	Seit ein**em** Jahr gehe ich zur Luisen-Schule. (Ich bin jetzt in der 8. Klasse.)
	die Stunde	Seit ein**er** halben Stunde läuft der Film. (Er geht noch bis 20.30 Uhr.)
Plural	die Jahre	Seit viel**en** Jahr**en** wohnen wir in Erfurt. (Die Stadt gefällt uns immer besser.)
		vor
Singular	der Monat	Vor ein**em** Monat habe ich eine Diät gemacht. (Jetzt esse ich wieder normal.)
	das Jahr	Vor ein**em** Jahr bin ich in die Luisen-Schule gegangen. (Jetzt gehe ich zur Hölters-Schule.)
	die Minute	Vor ein**er** Minute ist sie weggegangen. (Sie hat schon seit 17 Uhr gewartet.)

10 Eine Regel selbst finden: Was gehört zusammen?

① „Seit" heißt: ⓐ Das war in der Vergangenheit.
② „Vor" heißt: ⓑ Von einem Zeitpunkt in der Vergangenheit bis heute.

11 Was war wann? Schreibe Sätze mit Zeitangaben über dich.

seit ...   in die Schule gehen · Hausaufgaben machen ·
von ... bis ...   in die Klasse 7 gehen · Fußball spielen ·
                Gitarre spielen · wohnen · arbeiten · leben · Ferien · ...

Seit 1996 gehe ich in die Goethe-Schule.

12 Präteritum
Wiederholung: In Einheit 5 hast du das Präteritum kennen gelernt. Kannst du diese Fragen beantworten?

1. Wann verwendet man das Präteritum und wann das Perfekt?
2. Wie bilden die regelmäßigen Verben das Präteritum?

13 Setze die passenden Verben ein.

konnte · gab · machte · konnte · musste · war · benutzte · gründete · erfand

a Im antiken Griechenland … es noch keine Postlinien. **b** Franz von Taxis … eine Postkutschenlinie. **c** Im 19. Jahrhundert … die Elektrizität einen großen Fortschritt für die Kommunikationstechnik möglich. **d** Vor 1880 … man noch nicht telefonieren. Man … Briefe mit dem Schiff schicken. **e** Seit 1880 … man über ein Kabel telegrafieren. **f** Nach der Erfindung der Elektrizität … die Erfindung des Telefons möglich. **g** Seit 1837 … man das Morse-Alphabet. **h** Philip Reis … das Telefon.

14 Ordne die Verben aus Aufgabe 13 in die Tabelle ein und ergänze die Infinitive.

Infinitiv	Präteritum 3. Person Singular: er, es, sie, man	
	regelmäßig	unregelmäßig
geben	—	gab

15 Das Präteritum: Form und Gebrauch. Ergänze die Sätze.

das Perfekt · im Präteritum · in Zeitungstexten · in der Literatur

1. Das **Präteritum** verwendet man oft … und … .
2. In **persönlichen Texten** verwendet man meistens … .
3. Die **Hilfsverben** (*war, hatte*) und **Modalverben** (*konnte, musste, …*) verwendet man in der Vergangenheit fast immer …

16 Perfekt und Präteritum: Vergleiche die Texte.

Klaus schreibt im Brief:

Liebe Anette,
unsere Klasse hat in der letzten Woche eine Super-Klassenfahrt nach Berlin gemacht. Nur die Rückfahrt war Mist. Wir haben fast fünf Stunden im Stau auf der Autobahn gestanden.

In der Schülerzeitung steht:

Ein großer Erfolg war die Klassenfahrt der 7B. Dieses Jahr ging es nach Berlin.
…
Auf der Rückfahrt hatte die Klasse dann allerdings Pech. Ihr Bus stand 5 Stunden in einem Stau auf der Autobahn Berlin–Hannover.

17 Unregelmäßige Verben lernen: Lest den Lerntipp und übt dann im Kurs.

Lerntipp ▷ Unregelmäßige Verbformen als Reihe lernen.

Grundform	Präteritum	Partizip II
fahren	fuhr	gefahren
laufen	lief	gelaufen

stehen
stand
gestanden

18 Sätze ohne Personen: *man* – Suche Sätze mit *man* auf Seite 52 und 53. Wie sagt man das in deiner Sprache?

A Taschengeld

 1 Wie viel Taschengeld bekommen deutsche Jugendliche im Durchschnitt? Was kann man dafür kaufen? Vergleiche mit der Kassette.

das Taschengeld

die Kinokarte

der Hamburger und die Cola

die CD

die Jugendzeitschrift

das Schulheft

2 Wie viel kostet das bei euch? Was ist teurer? Was ist billiger?

3 Was kauft ihr euch von eurem Taschengeld? Macht eine Statistik im Kurs.

Wofür wir unser Geld ausgeben:

Die meisten von uns kaufen … / 50 Prozent von uns … / Einige … / Nur zwei …

4 Einnahmen – Ausgaben. Was ist anders als bei euch?

So viel Taschengeld bekommen deutsche Jugendliche im Monat.

Und so geben deutsche Jugendliche ihr Geld aus.

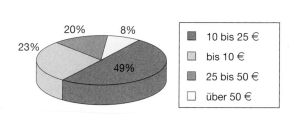

20% 8%

23%

49%

- 10 bis 25 €
- bis 10 €
- 25 bis 50 €
- über 50 €

70%	Sparen
59%	Süßigkeiten
48%	Spielzeug/Hobby
46%	Lesestoff
29%	Getränke
14%	Schulsachen
12%	Sport
7%	Fahrgeld
Mehrfachnennungen	

5 Hier sind Stichwörter aus den Texten unten. Weißt du schon, um was es geht?

Karen (14 Jahre): „kein Geld: mehr Taschengeld!!!"   Vater/Mutter: „Aber!"
Kinoabend = 30 DM = 75% vom monatlichen Taschengeld

6 Lies die Aussagen von Karen, ihrem Vater und ihrer Mutter. Wer hat Recht?

Karen: Hilfe, ich habe kein Geld mehr. Ja, ja, ich weiß, ich habe erst vor zwei Tagen meine 20 Euro Taschengeld bekommen. 20 Euro im Monat. Aber alles ist ja heute so teuer. Ich habe zum Beispiel gestern für einen einzigen Kinoabend 15 Euro ausgegeben: 6 Euro für die Karte, 4 Euro für Popcorn und Eis und den Rest bei McDonald's. 75 Prozent vom Taschengeld sind jetzt schon weg. Ich brauche also mehr Taschengeld.

Vater: Du glaubst also, dass wir dir zu wenig Geld geben. Das ist aber interessant! Weißt du überhaupt, wie viel Taschengeld andere Jugendliche bekommen? Mein Chef gibt seiner Tochter 15 Euro im Monat. Und die spart noch etwas von dem Geld.

Mutter: Dein Vater hat ganz Recht. Wieso musst du denn jeden Freitag und Samstag in die Stadt gehen und so viel Geld ausgeben? Warum sucht ihr euch nicht ein Hobby, das nicht so teuer ist? Geht doch mal in ein Museum. Das kostet nicht so viel. Oder organisiert mal eine Radtour.

7 Karen will mehr Geld. Vater und Mutter sind dagegen. Spielt die Szene.

B Mehr Taschengeld? Ja, aber wie?

8 Schülerjobs: Wie kann man als Schüler Geld verdienen? Lies die Anzeigen.

Wer gibt Nachhilfe in Mathe (5. Klasse)? Müschede 0 29 32-3 39 29	Schüler samstags zum Autowaschen gesucht. 0 29 35-4 45 25	Zuverl. Schülerin für die Abendstunden gesucht (Babysitten) 0 29 32-2 20 60
Taschengeld. Schüler für gelegentl. Mithilfe in Haus und Garten im Bereich Neheim/Möhnestr. gesucht. 0 29 32-8 38 24	Hallo, ich bin ein Hund. Wer geht mit mir täglich eine Stunde spazieren? 0 29 31-2 35 92	EDEKA-Rössler sucht 2 Jugendliche zum Verteilen von Prospekten. 0 29 32-2 28 38

9 Zu welcher Anzeige von Aufgabe 8 passt die Dialoggrafik am besten?

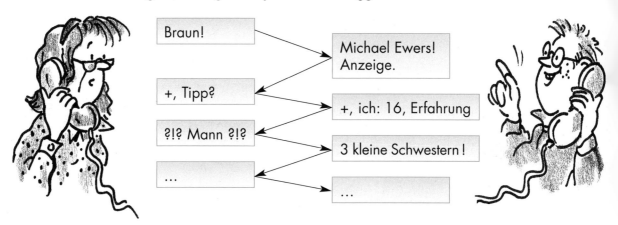

 10 Nach einem Job fragen: Höre die Kassette, vergleiche mit der Dialoggrafik. Wie endet das Telefongespräch?

11 Wählt eine Anzeige aus. Schreibt ein Telefongespräch und spielt es im Kurs.

C Verben mit Dativ- und Akkusativergänzung: Sabine leiht *ihrer Freundin eine Bluse.*

GR **12** Schreibe die Sätze in eine Tabelle in dein Heft.

a Peter gibt seiner Schwester Nachhilfe.
b Herr Geiz gibt seinen Kindern kein Taschengeld.
c Frau Meier erzählt ihren Schülern eine Geschichte.
d Holger schenkt seiner Freundin eine rote Rose.
e Karin zeigt ihrem Freund ihre Briefmarkensammlung.
f Ich schreibe meinem Opa einen langen Brief.
g Amadeus gibt Kiki einen Kuss.

	Dativ	Akkusativ
Sabine leiht	ihrer Freundin	eine Bluse.
Peter gibt	seiner Schwester	Nachhilfe.

13 Schreibe ins Heft Sätze zu den Satzmustern.

a Du Opa, kaufst du _mir_ _____ ?
     Dativ   Akkusativ

b Maria, hast du schon _deinen_ _am deinen Opa_ geschrieben?
    D _Brief_   A

c Die Großeltern schenken _hat Kavita mir ein Rad_ .
    D   A

14 Höre den Dialog. Welche Aussagen sind richtig?

a Paul hat ein Autogramm von Claudia Schiffer.
b Manfred will es unbedingt sehen.
c Er verspricht ihm dafür ein Autogramm von
Berti Vogts.
d Paul zeigt ihm das Autogramm trotzdem nicht.
e Manfred bietet ihm noch einen Wimpel vom
FC Bayern München an.
f Paul ist einverstanden.

**15 Zusammenfassung: Artikel und Possessivpronomen im Dativ.
Schreibe die Tabelle ins Heft und ergänze.**

	Singular					
		m		**m**		**r**
bestimmter Artikel	der	de**m**	das	de**m**	die	de**r**
unbestimmter Artikel	ein	eine**m**	ein	…	eine	…
Possessivpronomen	mein	meine**m**	…	…	…	…
	Plural: die de**n** / meine**n** / …					

16 Schreibe fünf Sätze. Es gibt viele Möglichkeiten.

Unsere Lehrerin	gibt	einem Touristen	zu viele Hausaufgaben.
Max	zeigt	uns	sein Mofa.
Mein Freund	leiht	dem Lehrer	einen Kuss.
Meine Freundin	schenkt	seiner Freundin	die Stadt.
Ihre Schwester	verkauft	mir	ein Autogramm.

Max leiht mir sein Mofa.

17 Wem hast du im letzten Monat etwas geschenkt?

Ich habe meiner Mutter Blumen geschenkt.

Ich habe meinem Hund einen Knochen geschenkt.

18 Sachen tauschen.

A Nix als Ärger

Radio – Ticker
● Radio FFH Kummerkasten.
● Mittwoch 14.00 – 15.00
Rat und Tat für junge Leute.
Jede Woche am Mittwoch
können Jugendliche anrufen
und über ihre Probleme
sprechen. Die Moderatorin
und Diplom-Psychologin Anke
Stellenmacher (29) versucht
zu helfen.

1 Sieh dir die Fotos an.
Welche Probleme haben
die Jugendlichen?

Hallo, hier ist der Sven. Ich habe da ein Problem...

2 Vier Jugendliche haben angerufen. Was waren ihre Probleme?
Die Moderatorin hat Notizen gemacht.

Wenn Bruder
aus Schule:
→ Fernseher
ärgert sich !!
Fernseher aus
→ Bruder saubr.

Eltern:
Abends nicht
Freunde besuchen
Aber schon 14

In Klasse neben
Schüler (= Streber!)
-der Größte
-der Beste
Nur gute Noten
aber: egoistisch!

Freund super
aber:
immer Thema
Fußball!
= doof !!

3 Kannst du aus den Notizen einen Text machen?

4 Hört jetzt die Kassette. Welche Tipps kann man den Jugendlichen geben?
Sammelt Ideen in der Klasse.

B Konflikte: Das Buch

5 Lies und höre den Dialog: Ist dir so etwas auch schon passiert?

○ Sag mal, was hast du mit meinem Buch gemacht?
● Wieso? Nichts.
○ Es ist total dreckig und drei Seiten fehlen.
● Tut mir leid, aber ich habe keine Ahnung.
○ Ich finde das ganz schön blöd. Du musst mir ein neues Buch kaufen. Es gehört meinem Vater.
● Entschuldige, aber ich weiß wirklich nicht, wie das passiert ist. Vielleicht war das mein kleiner Bruder.
○ Das ist mir egal, ich kriege Ärger mit meinem Vater.
● Kannst du nicht noch eine Woche warten, dann bekomme ich Taschengeld. Bitte, gib mir noch ein paar Tage Zeit.
○ Einverstanden, ich warte noch. Aber nur eine Woche! Du bist ein Chaot!

Sprachbaukasten „Konflikte"

Fragen / Vorwürfe	Entschuldigungen
– Was hast du mit dem Buch gemacht? – Das Buch ist total dreckig!	– Es tut mir leid, … – Entschuldige bitte …
Anordnungen	**Vorschläge / Gegenvorschläge**
– Du musst ein neues Buch kaufen.	– Kannst du noch eine Woche warten? – Bitte, gib mir noch ein paar Tage Zeit.

6 Hier sind noch mehr Sätze. Mache einen Sprachbaukasten „Konflikte" im Heft.

- Kannst du nicht aufpassen?
- Geh endlich zum Frisör!
- Warum kommst du so spät nach Hause?
- Oh, Verzeihung, das habe ich nicht gewusst.
- Kann ich den Test noch mal schreiben?
- Setz dich gerade hin!
- Warum schreibst du immer so schlecht?
- Mach die Tür zu!
- Ich kann dir ja vielleicht später helfen.
- Du hast die Aufgaben ja schon wieder nicht gemacht.

- Geh sofort in dein Zimmer
- Bitte, bitte, nur noch eine Stunde.
- Mach die Musik leiser!
- Deine Haare sind ja viel zu kurz!
- Warum musst du immer die alten Jeans anziehen?
- Du bist egoistisch!
- Du hast ja schon wieder nicht angerufen.
- Warum seid ihr ohne mich ins Kino gegangen?
- Entschuldige, aber das habe ich nicht mit Absicht gemacht.

7 Hast du solche Sätze wie in Aufgabe 6 auch schon einmal gehört oder gesagt?

8 Die Verabredung

**Was ist passiert? Lest die Beschreibung, schreibt und spielt den Dialog.
Der Sprachbaukasten „Konflikte" hilft. Hört dann die Kassette.**

– Sie war gestern mit Andreas
  verabredet und hat den ganzen
  Nachmittag gewartet.
– Sie ist enttäuscht, dass er nicht
  gekommen ist.
– Das ist schon das dritte Mal in einem
  Monat, dass das passiert.
– Sie fragt, warum er nicht angerufen
  hat.
– Sie denkt, dass er kein guter Freund ist.
– Sie hat ihn aber trotzdem gern.

– Er wollte zu Claudia, aber dann hat
  er Ärger mit seiner Mutter bekommen.
– Er musste den ganzen Nachmittag in
  seinem Zimmer bleiben.
– Er hat nicht angerufen, weil er es
  vergessen hat.
– Alles tut ihm sehr leid.
– Er will beim nächsten Mal anrufen, wenn
  es nicht klappt.

C Infinitiv mit *zu*

9 Wer sagt das? Sieh in den Aufgaben 1–8 nach.

a Ich habe keine Lust, immer nur Geschichten vom
  Fußball zu hören.
b Ich habe vergessen, dich gestern anzurufen.
c Er hat immer Zeit, vor dem Fernseher zu sitzen.
d Es ist furchtbar, neben diesem „Streber" zu sitzen.
e Ich habe Angst, meinem Vater das Buch zu zeigen.

*Erika sagt, dass sie keine Lust
hat, immer nur . . .*

GR 10 Lies die Sätze a bis e noch einmal und beantworte folgende Fragen:

1. Wo steht „zu"?
2. Wo steht das Verb?

3. Welche Form hat das Verb?
4. Was passiert bei trennbaren Verben?

11 „Ich über mich": Kannst du aus den Satzteilen fünf Sätze machen?
Lies vor, was für <u>dich</u> stimmt.

Ich habe manchmal Angst,   die Hausaufgaben ordentlich zu machen.
Ich habe oft keine Lust,   morgens zu frühstücken.
Ich versuche meistens,   meiner Mutter in der Küche zu helfen.
Ich habe oft keine Zeit,   abends allein nach Hause zu gehen.
Es ist wichtig,   immer freundlich zu sein.
Ich vergesse manchmal,   im Unterricht aufzupassen.
Es ist nicht leicht,   mehr für die Schule zu tun.

12 Trennbare Verben und *zu*: In Aufgabe 9 und 11 findest du zwei trennbare Verben. Wie heißen die Infinitive? Wo steht „*zu*"?

13 Sammelt trennbare Verben an der Tafel und markiert sie wie im Beispiel.

14 Schreibt jetzt an der Tafel Sätze mit den trennbaren Verben.

Beispiel:
Peter, schlag das Buch auf! – Ich habe aber keine Lust, das Buch aufzuschlagen.
Ina, schreib den Satz an die Tafel! – Ich habe aber …

15 Thema „Taschengeld". Ergänze immer den zweiten Satz mit *zu*.

a Viele Schüler haben Probleme. Sie finden keinen Ferienjob.
Viele Schüler haben Probleme, einen .. *zu finden*
b Viele Schüler wollen nicht für das Taschengeld arbeiten.
Viele Schüler haben keine Lust, für *das taschengeld zu arbeiten.*
c Karen kann mit ihrem Taschengeld nicht auskommen.
Karen hat Probleme, mit *ihrem Taschengeld auszukommen*
d Der Vater von Karen will ihr nicht mehr Taschengeld geben.
Ihr Vater hat keine Lust, Karen … *mehr Taschengeld*
e Viele Jugendliche wollen mit Jobs mehr Taschengeld verdienen.
Viele Jugendliche versuchen, mit …

16 Typisch Lehrer!? Schreibt mit den Satzanfängen a–e fünf Aussagen (oder mehr) über Lehrer und Lehrerinnen. Hilfen findet ihr im Kasten.

a Lehrer/Lehrerinnen haben nie Zeit, …
b Lehrer/Lehrerinnen versuchen oft, …
c Lehrer/Lehrerinnen haben oft keine Lust, …
d Lehrer/Lehrerinnen haben oft Angst, …
e Für Lehrer/Lehrerinnen ist es nicht leicht, …
…

mit Schülern reden
Fehler machen
die Tests korrigieren
freundlich sein
die Schüler manipulieren

17 Typisch Schüler!?

Macht die Aufgabe 16 noch einmal,
aber jetzt zum Thema „Schüler/Schülerinnen".

1 Schaue das Bild an. Welcher Titel passt am besten?

DER MATHETEST   DIE NEUE FREUNDIN   EIN SUPERTRICK

2 Was zeigt das Bild: eine Unterrichtsstunde / einen Test / die Pause?
Begründe deine Meinung.

3 Auf dem Bild siehst du sechs Schülerinnen und Schüler. Beschreibe, was sie machen.

4 Kannst du die Fragen beantworten?

- Wen ruft der Schüler mit den roten Haaren an? Warum?
- Was denkt der Schüler mit der Brille?
- Wo ist die Lehrerin? Was macht sie gerade?

5 Was für ein Text ist das: ein Fotoroman? Eine Anzeige für Telefone? Ein Foto aus einer Fernsehserie?

6 Wie geht die Geschichte weiter? Ist die Situation realistisch?
An deiner Schule auch?

7 Der Zeitungstext zeigt, dass das Bild auf Seite 64 keine Utopie ist. Lies den Text.

8 Zu welchen Wörtern im Zeitungstext passen diese drei Wörter?

stören · toll · Schüler

Mobiltelefone nerven Lehrer

Oslo – Norwegens Lehrer werden immer häufiger im Unterricht durch Pieptöne gestört. Viele Pennäler finden es schick, sich während der Schulstunde auf ihrem Mobiltelefon anrufen zu lassen. Die ersten Schulen haben bereits Mobiltelefone verboten.

9 Wörter zum Thema „Technik" sind oft international: Sammelt Technik-Vokabeln aus dem Text an der Tafel.

Kommunikation am Telefon

Im 20. Jahrhundert gab es zwei wichtige Erfindungen für die Kommunikation: den drahtlosen Funkverkehr und den Computer. 1916 gab es in Deutschland die ersten Radiosendungen. 10 Jahre später
5 konnten schon 1 Million Deutsche Radio hören. 1928 gab es die erste drahtlose Telefonverbindung zwischen Deutschland und Amerika. Vorher hatte man nur das Atlantik-Kabel.

1941 entwickelte Konrad Zuse in Deutschland einen elektromechanischen Rechner, den ersten Computer. 10
Für die Kommunikation wurde er aber erst 40 Jahre später wichtig – in Kombination mit dem Telefon. Der erste Großcomputer der Universität Pennsylvania war 1947 auch noch ein bisschen unhandlich – er wog 30 Tonnen. Die Erfindung der „Chips" in den 15 USA machten die Computer dann immer kleiner.
Von den 70er-Jahren bis heute entwickelte man die Telefontechnik weiter. Über Satellit konnte man jetzt direkt Nummern auf der ganzen Welt wählen. Die Firma Siemens entwickelte in den 70er-Jahren ein 20 Gerät, mit dem man Briefe über das Telefon schicken konnte. In Japan ging dieses Fax-Gerät zuerst in Serienproduktion – eine Revolution in der Posttechnologie. In den 80er-Jahren baute man auf der ganzen Welt drahtlose Telefonnetze. Das heißt, 25 man konnte jetzt an jedem Ort telefonieren. Man benutzt dafür die „Handys", kleine, drahtlose Telefone. Durch die Verbindung zwischen Computer und Telefon mit einem Modem kann man heute Computertexte direkt über Telefon per „E-Mail" 30 (electronic mail) verschicken.
Ein Problem ist aber noch nicht gelöst. Ein Brief von Innsbruck nach Brüssel braucht heute noch manchmal die gleiche Zeit wie im Jahre 1489 ...

10 Lies den Text. Notiere Zahlen.

Im 20. Jahrhundert ... / 1916 ... / 10 Jahre später ...

11 Welche Informationen passen zu den Zahlen?

Im 20. Jahrhundert — Radio und Computer
1916 — Radiosendungen in Deutschland

 12 Höre die Kassette. Was passt zu den Sätzen?

a Jennifer ist nicht zu Hause. Sie hat einen Anrufbeantworter.
b Björn schickt ein Fax.
c Meike will Sarah anrufen, aber es ist besetzt.
d Das ist ein altes Telefon.
e Claudia telefoniert in einer Telefonzelle.
f Familie Huber hat eine neue Telefonnummer.

 13 Anrufe: Wie meldet man sich in Deutschland am Telefon? Mache eine Liste im Heft. Und wie meldet man sich in deinem Land?

Hallo

Was sagt man zum Schluss des Telefongesprächs?

**14 Kommunikationsspiel in der Klasse.
Erinnerst du dich an die „Stille Post"?**

15 Grammatikwiederholung: Kreise und Kreuze.

- Zwei Gruppen spielen gegeneinander.
  Wer einen richtigen Satz sagen oder
  schreiben kann, darf sein Zeichen in
  das Feld an der Tafel eintragen.
- Dann kommen die anderen dran.
- Wer zuerst drei Felder senkrecht,
  waagrecht oder diagonal markiert hat,
  hat gewonnen.

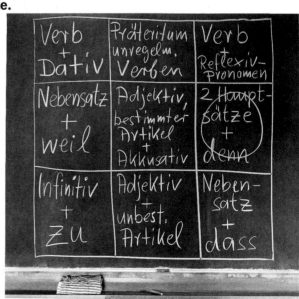

16 Die Lernziehharmonika

17 Wer schenkt wem was?

Die Schüler der Klasse 8c

Peter

Herr und Frau Müller

Kiki

Fritz

Fredo

Naki

Herr Seelig

Amadeus

Großmutter

Mathelehrer

Tochter

Bello

Vater

Freundin

Chef

Naki schenkt ihrer Freundin eine Kassette.
Fritz schenkt seiner ...

1 *Schlangen und Leitern: Ein Würfelspiel*

So könnt ihr das Spiel spielen:

- Du würfelst.
- Du trittst auf eine Schlange.
- Du kannst die Aufgabe nicht lösen. Du musst nach unten gehen.
- Du kannst die Aufgabe lösen: Du darfst auf dem Feld bleiben.
- Der Nächste würfelt.

- Du würfelst.
- Du kommst an eine Leiter.
- Du kannst die Aufgabe lösen:
  Du darfst nach oben gehen.
- Du kannst die Aufgabe nicht lösen:
  Du musst auf auf dem Feld bleiben.
- Der Nächste würfelt.

Aufgaben

Feld

② Daniel, Naki und Renja: Was haben sie in den Ferien gemacht (je 1 Beispiel)?

④ Ergänze: Das Wetter war schlecht. Es hat …

⑤ Wie heißen die Verben? Die Klasse 7c hat eine Radtour …, Fußball …, ein Museum …

⑧ Deine Freundin kommt aus den Ferien. Stelle zwei Fragen: Wie … ? Wo … ?

⑨ Ein toller Typ: Er hat … Augen, … Haare und ein … Moped.

⑫ Welche Haarfarbe hat dein Nachbar?

⑬ Farben in Deutschland: Briefkästen: … Polizei: … Feuerwehr: … Ortsschild: …

⑮ Ergänze: Peter hat einen neu… Computer und ein rot… T-Shirt.

⑰ Was sind die Gegensätze von: interessant – … , langsam – …, schön – …?

⑱ Ergänze den Satz: Die Mutter sagt: „Monika, du bist erst 13." Die Mutter sagt, dass …

⑲ Der Lehrer spricht zu leise. Was sagst du?

㉒ Ergänze die Fragen: Woher …? Wann …? Wie viele … ? Wie lange …?

㉕ Sprich das Datum aus: 29.2.1996. Und welches Datum haben wir heute?

㉘ Wie heißen die Artikel: Krawatte, Hemd, Rock, Bluse, Schal?

㉙ Regelmäßige Verben im Präteritum: Wie heißen die Endungen? Singular: …, Plural …

㉚ Nenne drei Fernsehsender in Deutschland und drei Arten von Sendungen: Sport, …, …, …

㉛ Wie heißen die Präteritumformen: finden – sie fand, schreiben – wir …, sprechen – er …, haben – ihr …, sein – sie (Pl.) …?

㉞ Was darf man wann in Deutschland? Heiraten? Moped fahren? In den Ferien arbeiten? Mit 13 darf … · Mit 15 … · Mit 16 …

2 Eine Geschichte mit Adjektiven interessanter schreiben.
Schritt 1: Sammelt an der Tafel Adjektive.

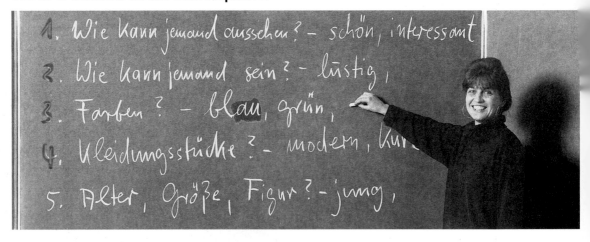

1. Wie kann jemand aussehen? - schön, interessant
2. Wie kann jemand sein? - lustig,
3. Farben? - blau, grün,
4. Kleidungsstücke? - modern, kur...
5. Alter, Größe, Figur? - jung,

Schritt 2: Wo könnt ihr in den beiden Sätzen Adjektive hinzufügen? Welche?
Setzt die Adjektive an fünf Stellen ein. Lest die Ergebnisse vor und vergleicht sie.

- Julia saß auf der ~~weißen~~ ~~grünen~~ Bank im Park und wartete auf ihren Freund Marco.
- Julia war eine Mädchen mit Haaren und Augen. ~~lustigen~~
  ~~kleine~~ ~~blonde~~

Schritt 3: In dem Text fehlen alle Adjektive. Schreibt den Text ins Heft. Arbeitet zu zweit.
Setzt für jede Zahl ein Adjektiv ein. Lest vor und vergleicht.

> **Die Verabredung im Park**
>
> Julia saß auf der ① Bank im Park und wartete auf ihren ② Freund Marco. Julia war ein ③ Mädchen mit ④ ⑤ Haaren und ⑥ ⑦ Augen. Sie trug heute extra ⑧ Klamotten. Einen ⑨ Pulli und ⑩ Jeans und dazu ⑪ Schuhe. Neben ihr saß Bello, ihr ⑫ Hund, und wartete auch. Sie warteten jetzt schon über eine Stunde, und Marco kam nicht. Dieser ⑬ Typ, dachte Julia, und dann stand sie ⑭ auf und ging weg. Nach 200 Metern kam sie um eine Ecke, und da saß Marco, mit ⑮ ⑯ Rosen auf einer ⑰ ⑱ Bank. Er sah ziemlich ⑲ aus. Ach du meine Güte, Marco, rief Julia ⑳ und lachte, es tut mir so leid, ich wusste gar nicht, dass es hier noch eine …

3 Wie geht die Geschichte weiter? Schreibt den Satz zu Ende.

4 Eine andere Geschichte im Park. Seht euch das Foto an. Schreibt eine kleine Geschichte.

5 HipHop aus Stuttgart: Die Fantastischen Vier

Die Fantastischen Vier, das sind:

Rapper Smudo, geboren 6. 8. 68 in Offenbach. Er versteht kaum etwas von Musik, redet dafür aber am schnellsten und ohne Ende. Er lebt noch zu Hause bei den Eltern in Stuttgart. Produzent und Computerfreak **Andy Ypsilon**, geboren 17. 11. 67 in Stuttgart. Er wohnt noch bei seinem Vater in Ludwigsburg, sucht aber dringend eine eigene Wohnung. **Scratcher Dee Jot Hausmarke**, geboren am 11. 12. 67 in Stuttgart. In seiner kleinen Bude im Obergeschoss seines Elternhauses herrscht ständig Chaos. **Rapper Thomas D.**, geboren am 30. 12. 68 in Stuttgart, schreibt mit Smudo die scharfen Texte. Beide waren ein halbes Jahr in Amerika und haben die dortigen Rap-Texte studiert.

Die Fantastischen Vier singen auf Deutsch und sie haben viel zu erzählen. Besonders auf der CD „Vier gewinnt" und der letzten Single-Auskoppelung „Die da". Sie sind die interessanteste HipHop-Band der Republik.

6 Die Fantastischen Vier – Wer ist wer?

a Er ist nicht musikalisch, aber er redet viel.
b Er räumt sein Zimmer nicht gern auf.
c Er lebt in Stuttgart.

d Er schreibt die Texte.
e Sie haben in Amerika den Rap studiert.
f Er möchte eine eigene Wohnung haben.

7 „Die da" – Ein Lied der Gruppe. Wie findet ihr die Musik?

8 Rap- und HipHop-Texte sind schwer zu verstehen. Rechts steht die Geschichte, links der Anfang des Liedes und der Refrain.

hallo Thomas, hallo alles klar
es ist schon wieder freitags es ist wieder diese bar
und ich muss dir jetzt erzählen, was mir
widerfahren ist jetzt seh ich die zukunft positiv,
denn ich bin optimist moment, was geht, ich sag's
dir ganz konkret am wochenende hab ich mir
den kopf verdreht ich traf eine junge frau, die hat
mir gut gefallen und am samstag in der diskothek
liess ich die korken knallen sie stand dann so
dabei und wir ham uns unterhalten und ich hab
sie eingeladen, denn sie hat sich so verhalten wir
ham viel spass gehabt, viel gelacht und was
ausgemacht
...
ist es die da, die da am eingang steht?
oder die da, die dir den kopf verdreht?
ist es die da mitm dicken pulli an, mann?
nein, es ist die frau, die freitags nicht kann

Smudo trifft seinen Freund Thomas in der Bar und erzählt ihm, dass er eine neue Freundin hat. Sie waren in einer Diskothek, in einem Restaurant und im Kino. Smudo findet sie sehr charmant und möchte sie Thomas gern vorstellen. Das Problem ist, dass die Freundin am Freitag nie Zeit hat. Thomas freut sich und erzählt Smudo, dass er auch eine neue Freundin hat. Er hat sie am Sonntag im Café kennen gelernt. Sie haben Tee getrunken und waren dann auch im Restaurant. Er wollte mit ihr auch ins Kino gehen, aber sie hatte den Film schon gesehen. Auch sie hat am Freitag nie Zeit.
Smudo und Thomas sind froh, dass sie jetzt nicht mehr allein sind. Aber sie haben ein Problem: Sie haben viel Geld ausgegeben, vor allem für Geschenke und Klamotten für die neue Freundin. Jetzt sind sie pleite.
Da kommt eine Frau mit einem Mann in die Bar. „Du, da ist meine ja", sagt Thomas. „Meine auch", sagt Smudo. „Und wer ist dieser Mann?" „Das ist der Grund, warum sie freitags nicht kann."

A Frohe Weihnachten ...

1 Weihnachten in Gedichten und Liedern: Kennt ihr die Melodien? Wie heißen die bekanntesten Weihnachtslieder in eurer Sprache?

> *Advent, Advent,*
> *Ein Lichtlein brennt.*
> *Erst eins, dann zwei, dann drei, dann vier,*
> *Dann steht das Christkind vor der Tür.*

Leise rieselt der Schnee

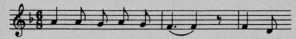

Leise rieselt der Schnee,
Still und starr ruht der See,
Weihnachtlich glänzet der Wald,
Freue dich, Christkind kommt bald!

2 Ein Gedicht von Robert Gernhardt: Welche Sätze in der rechten Spalte passen dazu?

Robert Gernhardt
Weihnachten

Ich bin Erika.
Jetzt kommt Weihnachten.
Ich schenke Vati ein Tischfeuerzeug zu 22,50 DM.
Vati schenkt Michael einen Tennisschläger zu 22 DM.
Michael schenkt Mutti eine Schälmaschine zu 19,70 DM.
Mutti schenkt mir Schallplatten im Wert von 18 DM.
4,50 DM muss ich noch bekommen.
Von wem?
Ich bin so gespannt auf Weihnachten.

a Es ist toll, dass es Weihnachten so viele Geschenke gibt.

b Die Geschenke sind heute für die Menschen das Wichtigste am Weihnachtsfest.

c Viele Menschen feiern Weihnachten nicht als christliches Fest. Sie denken nur an die Geschenke.

d Es ist wichtig, dass man weiß, was ein Geschenk kostet.

3 Was wisst ihr über Weihnachten in den deutschsprachigen Ländern?
Was ist das wichtigste Fest bei euch?

Die Lieblingsfeste der Schweizer
1. Weihnachten: 26%
2. Silvester: 24%
3. Geburtstag: 21%
4. Hochzeit: 7%
5. Ostern: 6%

Quelle: Schweizer Illustrierte, 2.12.1991

4 Lies den Text über Weihnachten. Welches Foto gehört zu welcher Stelle im Text? Was zeigen die Fotos? Welches Foto kann auch aus deinem Land kommen?

Die Zeit vor Weihnachten, die „Vorweihnachtszeit", ist in Deutschland, Österreich und in der Schweiz fast genauso wichtig wie das Weihnachtsfest selbst. Die Adventszeit beginnt vier Sonntage
5 vor Weihnachten. Schon vorher, seit Mitte November, sind viele Städte mit Lichtern und Tannengrün dekoriert. Die meisten Familien haben einen Adventskranz
10 mit vier Kerzen. Jeden Sonntag wird eine Kerze mehr angezündet. Am vierten Advent brennen dann alle vier Kerzen. Die Kinder haben in dieser Zeit einen Adventskalender mit 24 kleinen Türchen. Jeden Tag bis zum Heiligabend am 24. Dezember öffnen
15 sie eine Tür und finden dort z. B. Süßigkeiten. In der Adventszeit backt man Plätzchen und Lebkuchen, und überall riecht es wunderbar nach typischen Gewürzen. Am bekanntesten ist der Christstollen, ein Kuchen mit Rosinen und Früchten. Der
20 beste Christstollen kommt aus Dresden, die besten Lebkuchen aus Nürnberg. Dort gibt es auch den bekanntesten Weihnachtsmarkt, den Nürnberger „Christkindlmarkt".

Das wichtigste Datum in dieser Zeit ist der 6. Dezember, der Nikolaustag. Die Kinder stellen 25 Schuhe vor die Tür, und am nächsten Morgen finden sie darin kleine Geschenke und Süßigkeiten.

Das Weihnachtsfest ist in Deutschland traditionell ein Familienfest. Am Heiligabend, das ist am 24. Dezember, feiern die Familien gemeinsam 30 zu Hause. Eltern, Kinder und Großeltern sitzen zusammen, essen, singen Lieder und spielen. Besonders die Kinder freuen sich auf die Geschenke. Diese liegen meistens unter dem Weihnachtsbaum. Manchmal bringt 35 sie auch der Weihnachtsmann persönlich. Am Heiligabend gehen viele Familien in die Kirche. 40

Am 25. und 26. Dezember sind die Weihnachtsfeiertage. An diesen Tagen gibt es überall traditionelles Essen, z. B. eine „Weihnachts- 45 gans".

5 Wörter in einem Textplan ergänzen:
Hier fehlen Wörter, du findest sie
im Text auf Seite 73.

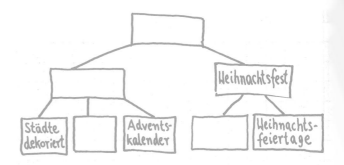

6 W-Fragen: Schreibt in Gruppen fünf Fragen zum Text auf Seite 73 auf. Eine andere Gruppe beantwortet die Fragen.

7 Lies die Leserbriefe. Was ist deine Meinung?

Ein Leserbrief zum Thema „Weihnachten"
Ich finde Weihnachten zu Hause blöd. Immer das gleiche Theater mit Tannenbaum, Essen und Geschenken. Ich würde lieber mit der ganzen Familie in die Sonne fliegen. Es gibt doch super Angebote in den Reisebüros. Und meine Mutter hätte keine Arbeit ... !
Jan Partzsch, 12 Jahre aus München

Eine Antwort zum Leserbrief von Jan
Mit Jans Meinung bin ich gar nicht einverstanden. Ich finde, Weihnachten ist ein Familienfest, und man sollte es zu Hause feiern. Der schöne Christbaum, die Kugeln und die Kerzen – das gefällt mir. Bei uns sitzen alle zuammen und singen Weihnachtslieder. Das ist viel schöner als wegfahren.
Stefan Schildknecht, 13 Jahre aus CH-Niederbüren

8 Stefan oder Jan: Zu wem passt das?

a ... mag warme Länder. **b** ... findet traditionelle Weihnachtsbräuche gut. **c** ... reist gerne.
d ... interessiert sich nicht besonders für Essen und Geschenke. **e** ... sitzt gerne mit der
Familie zusammen unter dem Weihnachtsbaum.

9 Lies die Zeitungsmeldung. Im Text rechts ist ein Wort zu viel. Welches?

Alle Quartiere ausgebucht!
Wien. – Trotz des Schneemangels sind in den Fremdenverkehrsgebieten alle Quartiere für Weihnachten ausgebucht (Lokales).

Das ist auch eine Weihnachtstradition: Zu Weihnachten und zum Jahreswechsel fahren viele Österreicher gerne in die Berge. Skifahren und andere Wintersportarten sind in Österreich sehr beliebt. In den Wintersportorten sind Weihnachten und Silvester die Quartiere oft nicht ausgebucht.

10 Lies die Fragen und höre das Interview
mit Katja (15), Nadine (13) und Katharina (4).

1. Wie feiern sie Weihnachten?
2. Was haben sie verschenkt?
3. Was haben sie bekommen?

B   … und ein gutes neues Jahr!

11   Wie heißt das Fest auf dem Foto bei euch?

12   Welche Wörter in den Anzeigen passen zu Silvester? Welche Bräuche gibt es bei euch?

Silvester-Feuerwerk
Verkauf ab 29. 12. 94 an den Kassen

Für Ihre Silvester-Party

Unseren Kunden wünschen wir ein frohes, neues Jahr!

8 Raketen
5 Bodenfeuerwerke
2 Senkrecht-startende Wirbel

15-Stück-Packung **19,98**

Weihnachten feiern die meisten Deutschen zu Hause. Zu Silvester geht man oft aus oder feiert eine Party zu Hause mit Freunden. Ein typisches Silvester-Getränk ist Sekt. Glückssymbole auf Post-karten sind der „Schornstein-feger", das „vierblättrige Klee-blatt" und das „Glücksschwein". Zu Silvester um Mitternacht wünscht man allen „Alles Gute im neuen Jahr". Das Silvester-Feuerwerk soll das neue Jahr „begrüßen".

C Frohe Ostern!

13 Welche Informationen findest du zu folgenden Begriffen im Text über Ostern?

Eier · Fleisch · Wasser · Feuer · Feiertage · Garten

Ostern ist nach Weihnachten das zweitwichtigste christliche Fest in den deutschsprachigen Ländern. Die beiden Feiertage sind Ostersonntag und Ostermontag. Ostern ist immer im Frühling, Ende März oder im April. Es ist ein buntes und ein internationales Fest. Die beiden wichtigsten Ostersymbole sind der Osterhase und die Ostereier. Eier und Hasen sind seit dem Mittelalter Symbole der Fruchtbarkeit.

Schon vor Ostern beginnt man, hart gekochte Eier zu bemalen. Am Ostermorgen verstecken viele Eltern dann Ostereier und Süßigkeiten im Haus oder im Garten, und die Kinder suchen sie.

Die Woche vor Ostern heißt „Karwoche". Am „Karfreitag", das ist der Freitag vor Ostern, essen viele Menschen kein Fleisch.

Auf dem Land gibt es manchmal noch sehr alte Osterbräuche. Zum Beispiel das Osterfeuer und das Osterwasser. Man zündet ein großes Holzfeuer auf einem Berg an, um für ein gutes Jahr zu bitten. Das Osterwasser holt man am Ostermorgen vor Sonnenaufgang aus einem Bach und trägt es nach Hause. Dabei darf man nicht sprechen und nicht lachen. Wenn man sich damit wäscht, bleibt man das ganze Jahr jung, schön und gesund, sagen die Leute.

14 Ostern ist ein internationales Fest: Wir haben Studenten aus Griechenland, Ungarn, Georgien und Argentinien gefragt: Wie feiert ihr Ostern?

ΚΑΛΟ ΠΑΣΧΑ!   KELLEMES HÚSVÉTI ÜNNEPEKET!   გილოცავთ აღდგომის დღესასწაულს!   ¡Felices Pascuas!

a Sucht die Länder auf einer Weltkarte. Sammelt Informationen über diese Länder.
b Vor dem Hören: Lest die vier Texte. Welche Wörter können in die Lücken passen?
c Hört jetzt die Interviews. Waren eure Vermutungen richtig?

Griechenland	Ungarn	Georgien	Argentinien
1) Weihnachten 2)	1)	1)	1)

Griechenland: Ostern ist noch wichtiger als ①. In der Karwoche essen die Leute nur Obst, ② und Brot. Am Samstag um Mitternacht gibt es ein ③. Die Kinder bekommen ④ Kerzen. Am ⑤ grillt man ein ganzes Lamm. Die Leute trinken Wein und ⑥. Die ⑦ spielen Eierstoßen.

Ungarn: ① haben die Jungen die Mädchen mit Wasser begossen, damit sie frisch bleiben. Heute riechen die Mädchen am Abend nach ②. Man isst Schinken, ③ und Frühlingszwiebeln. Die kleinen Kinder denken, dass der ④ die Ostereier bringt. Heute schenkt man oft ⑤.

Georgien: Die Religion spielt eine ① Rolle. Ostern ist so wichtig wie ②. Die Leute bleiben die Nacht von Samstag auf Sonntag in der ③. Am Freitag färbt man die Eier ④. Die roten Eier dürfen die Kinder erst am ⑤ essen. Am ⑥ gehen die Leute zum Friedhof. Die Kinder springen über ein ⑦.

Argentinien: Die Kinder haben ① Tage schulfrei. Die Leute laufen am ② mit Kerzen durch die Straßen. Am ③ isst man den Osterkranz. Die Kinder suchen ④ und Osterhasen. An Ostern gibt es keine ⑤.

15 Ostern aktiv: Der Eierlauf.

- Es spielen zwei Teams gegeneinander.
- Legt eine „Rennstrecke" in der Klasse fest.
- Läufer 1 legt ein gekochtes Osterei auf einen Löffel und läuft die „Rennstrecke" durch das Klassenzimmer.
- Dann gibt er den Löffel weiter an Läufer 2 usw., bis von beiden Mannschaften alle Läufer gelaufen sind.
- Wenn das Ei runterfällt, muss der Läufer noch einmal starten.

Wer ist am schnellsten?

A Wohnen

1 Lies zuerst den Text. Zeichne dann die Textgrafik ins Heft und ergänze die leeren Felder.

Das eigene Zimmer: Viele Jugendliche haben schon sehr früh ein eigenes Zimmer. Sie machen dort die Hausaufgaben und bekommen Besuch von ihren Freunden. Das größte Problem ist die Ordnung im Zimmer. Oft gibt es Krach mit den Eltern, wenn das Chaos zu groß wird. Ein eigenes Zimmer für die Kinder heißt, dass die Wohnung relativ groß sein muss, und das kann in Deutschland sehr teuer sein.

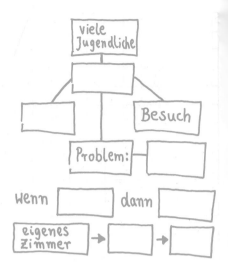

2 Kannst du mit der Grafik den Text zusammenfassen?

Lerntipp Textgrafiken helfen, Schlüsselwörter zu ordnen und einen Text zusammenzufassen.

3 Möbelstücke: Welcher Ausschnitt unten gehört zu welchem Möbelstück in der Zeichnung?

> ⓐ gehört zu dem Teppich!

① die Tapete ② das Regal ③ der Teppich ④ der Stuhl ⑤ der Schrank ⑥ der Tisch ⑦ die Lampe ⑧ der Schreibtisch ⑨ die Schublade ⑩ der Vorhang ⑪ das Sofa ⑫ das Bett ⑬ das Bild ⑭ der Sessel ⑮ die Kommode

4 Wortschatz ordnen: *der, das, die.* Schreibe die Möbelstücke in dein Heft.

5   Wo ist was? Lies den Text und vergleiche mit der Zeichnung. Im Text sind vier Fehler.

Wenn man in mein Zimmer kommt, steht rechts neben der Tür an der Wand ein großer Schrank, und links neben der Tür steht ein Bücherregal. Im Regal habe ich meine Bücher und Spiele. Gegenüber der Tür, unter dem Fenster, steht mein Schreibtisch, und davor steht ein Stuhl. Mein Schreibtisch ist immer aufgeräumt. Die Vorhänge am Fenster sind schwarz. Mein Bett steht links neben dem Schreibtisch an der Wand. Es ist eigentlich ein Sofa. Über dem Bett hängt ein Poster von Madonna. Links neben dem Fenster hängen zwei Bilder von meiner Familie. Rechts neben meinem Schreibtisch steht ein Tisch, und darauf steht eine kleine Lampe. Daneben, in der Ecke, steht der alte Sessel von meinem Opa. In dem sitze ich am liebsten. Auf dem Boden liegt ein alter Teppich mit schwarzen und weißen Streifen. Er passt gut zur Tapete. Die ist auch weiß, mit dünnen, schwarzen Streifen. Zwischen dem Schrank und dem Sessel steht eine Kommode und auf ihr meine Stereoanlage.

15

20

6   Sammelt alle Präpositionen aus dem Text an der Tafel. Könnt ihr ein Beispiel für jede Präposition zeichnen?

7   Ein Spiel: Ein Schüler nennt ein Möbelstück aus der Zeichnung in Aufgabe 3. Der Nächste muss schnell sagen, wo es ist.

Der Tisch.

Der Tisch steht neben dem Fenster.

B   Wohnformen

8   Wer wohnt wo? Lies zuerst die Texte. Kannst du dir vorstellen, wie das Haus aussieht, in dem die Jugendlichen wohnen?

Peter: Meine Eltern haben vor drei Jahren ein kleines Einfamilienhaus gekauft. Es liegt am Stadtrand. Wir haben einen kleinen Garten, aber leider muss ich das Zimmer mit meinem Bruder teilen. Ich brauche nur drei Minuten zu Fuß bis zur Straßenbahn, und ich habe gute Freunde in der Nachbarschaft.

Erika: Ich wohne mit meiner Mutter zur Miete in einem Altbau mit vier Stockwerken. Wir wohnen im zweiten Stock. Die Wohnung ist teuer, aber sehr groß (140 m²) und sehr schön. Und sie hat einen Balkon nach hinten zum Hof. Die Nachbarn sind sehr nett.

Sabine: Wir wohnen auf dem Dorf in einem alten Fachwerkhaus von 1843. Mein Vater hat das Haus ein Jahr lang renoviert. Jetzt sieht es wieder aus wie neu. Die Zimmer sind zwar sehr klein, aber es ist sehr gemütlich.

Bernd: Mir gefällt unsere Wohnung im Moment überhaupt nicht. Wir wohnen seit einem Jahr in einem Hochhaus an einer Hauptstraße. Es ist schrecklich. Die Miete ist zwar sehr niedrig, aber hier wohnen über 300 Menschen. Ich kenne niemand im Haus. Man kann auch nicht richtig spielen.

Sylvia und Claudia: Wir wohnen auf einem Bauernhof. Im Sommer ist das ganz toll. Wir können dann reiten und mit unseren Hunden spielen. Abends sitzen wir in der Sonne auf der Bank vor dem Haus. Im Winter ist es ein bisschen einsam. Wenn wir einmal in die Stadt wollen oder Freunde besuchen, dann muss uns meine Mutter immer fahren. Das ist ein Problem.

9 Ordne jetzt die Fotos den Texten auf Seite 79 zu. Was hat dir bei der Lösung geholfen?

10 Schreibe aus den Texten auf Seite 79 die Vor- und Nachteile der Wohnungen heraus.

	Vorteile	Nachteile
Peter:	ein kleiner Garten	kein eigenes Zimmer
Erika:	Wohnung …	

<GR> **11** *Zwar …, aber …*

a Mit *zwar-aber* kann man einen Vorteil und einen Nachteil in einem Satz beschreiben.

- Ein Papagei ist zwar sehr schön, aber ziemlich laut.
- Die Wohnung ist zwar teuer, aber sehr schön.
- Herr Bauer ist zwar ein guter Mathelehrer, aber er gibt viele Hausaufgaben.

b Wie wohnt ihr? Fragt euch gegenseitig. Schreibt je einen Vor- und einen Nachteil der Wohnung auf. Berichtet dann der Klasse.

> Monika hat zwar nur ein kleines Zimmer, aber es ist sehr hell.

C Wohnen im Bahnhof

Familie Holzhauer wohnt seit fünf Jahren in einem alten Bahnhof. Sie haben zwei kleine Kinder und einen Hund.

12 Wohnen in einem Bahnhof: Ein Interview mit Herrn und Frau Holzhauer. Was interessiert dich? Schreibe Fragen auf.

13 Höre das Interview und mache Notizen. Haben die Holzhauers deine Fragen beantwortet?

14 Der Bahnhof hat drei Stockwerke. Sieh dir die Zeichnung an. Höre dann den zweiten Teil des Interviews noch einmal. Welches Stockwerk zeigt die Zeichnung? Welche Zimmer gibt es im Bahnhof nicht?

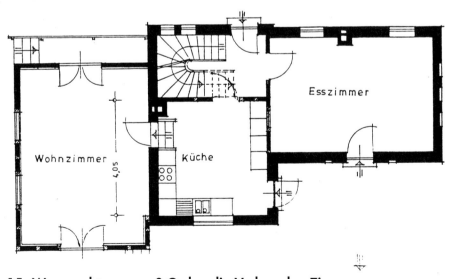

das Bad
der Flur
der Keller
die Küche
das Wohnzimmer
das Esszimmer
das Arbeitszimmer
das Kinderzimmer
das Gästezimmer

15 Was macht man wo? Ordne die Verben den Zimmern zu.

essen · spielen · Hausaufgaben machen · duschen · kochen · fernsehen · schlafen · in der Sonne sitzen · die Jacke aufhängen · …

16 Beschreibe deine Wohnung oder die Wohnung eines Freundes/einer Freundin.

D Wechselpräpositionen: Akkusativ oder Dativ

GR **17** Präpositionen: *in, an, auf, über, unter, vor, hinter, neben, zwischen*:
Sieh die Zeichnungen an und lies die Sätze. Kannst du eine Regel erkennen?
Wann steht der Akkusativ, wann der Dativ?

a Mit Akkusativ:

1. Peter stellt die Vase **auf den** Tisch.
2. Er hängt das Poster **an die** Wand.
3. Er legt das Buch **in das** (ins) Regal.

b Mit Dativ:

1. Die Vase **steht auf** dem Tisch.
2. Das Poster **hängt an** der Wand.
3. Das Buch **liegt im** Regal.
4. Das Fenster **ist** links **neben der** Tür.

18 Entscheide zuerst: Akkusativ oder Dativ? Ergänze dann die Sätze.

a Der Schrank steht … **b** Die Banane liegt … **c** Mein Fernseher steht … **d** Die Bücher sind
alle … **e** Meine Mutter legt meine Jeans … **f** Das Poster von „Pur" hängt …

19 Lies den Brief und achte dabei auf die Präpositionen mit Akkusativ oder Dativ.
Kannst du die zwei Grammatikfehler finden?

> Lieber Peter,
> heute war ein aufregender Tag! Ich hatte endlich Zeit, mein Zimmer umzuräumen. Jetzt
> gefällt es mir viel besser!
> Zuerst habe ich das Bett unter dem Fenster gestellt. Mein altes Bücherregal habe ich
> abgebaut, weiß gestrichen und dann an die Wand direkt neben die Tür gestellt. So habe
> ich viel mehr Platz. Den Sessel habe ich zwischen den Schreibtisch und das Bett gescho-
> ben, und die beiden schweren Stühle habe ich in den Keller gebracht. Die haben mich nur
> gestört. Auf meinem Schreibtisch steht jetzt eine Fotografie von Elsa. Außerdem habe
> ich eine Vase mit frischen Blumen auf den Schreibtisch gestellt. Das sieht einfach viel
> gemütlicher aus. Die Stereoanlage ist immer noch in der Ecke hinter der Tür. Meinen
> Computer habe ich auch wieder auf den Schreibtisch gestellt. Ach ja, die Gitarre hängt
> jetzt wieder an die Wand.
> Tja, da staunst du! Komm mich doch mal besuchen!
> Deine Petra

20 Fragt euch gegenseitig und sucht die Antworten im Text:
Wo steht jetzt der Computer? Wo steht die Stereoanlage? …?

21 Ein Spiel: Die Diamantensuche.
Ein Schüler versteckt einen „Diamanten" in der Wohnung. Die anderen raten, wo er ist.
Wer das Versteck gefunden hat, darf den Diamanten verstecken.

22 Dativ oder Akkusativ? Präpositionen und Artikel üben. Arbeitet zu zweit. Was kommt in die
Lücke? Lest dann die Geschichte mit den Artikeln vor.

Watson: Chef, jetzt fährt der gelbe Lastwagen
über ① Brücke – und jetzt ist er genau auf
② Brücke – und jetzt fährt er wieder weiter.
Jetzt bleibt er an ③ Kreuzung stehen. Jetzt
steigt der Typ aus und stellt sich hinter ④
Baum. Er steht immer noch hinter ⑤ Baum!
Was macht er nur? Jetzt bewegt er sich wieder. Er geht zurück zum Wagen. Er macht die
Tür auf und setzt sich ⑥ Lastwagen. Er fährt
ein Stück und parkt. Jetzt steigt er wieder aus
und geht zu einem Haus. Er geht ⑦ Haus.
Jetzt kommt er wieder heraus. Er hat kein
Päckchen mehr. So, ich bin jetzt hinten ⑧ Last-
wagen. Überall liegen Päckchen und Briefe.
Sherlock Holmes: Briefe? Päckchen? – Watson, Sie sind ein Idiot! Das ist ein ...

E Aufräumen

23 Höre und lies das Gedicht: Kennst du die Situation?

24 Schimpfen üben: Jeder liest eine Zeile. Achtet auf die Intonation.
Übertreibt ein bisschen!

Geschimpfe im Haus

Hast du aufgeräumt?
Räum sofort auf!
Du sollst aufräumen!
Räum auf!
Wenn du nicht aufräumst,
dann passiert was ...
Du sollst aufräumen,
hab ich dir gesagt.

Wie das wieder aussieht!
Du hast ja wieder nicht aufgeräumt. Räum sofort auf! –
sage ich dir.
Wenn du nicht aufräumst,
dann passiert noch was ...
Du sollst sofort
dein Zimmer aufräumen,
hab ich dir gesagt.

Was liegt denn da rum?
Räum das sofort weg!
Nichts findet man bei dir wieder.
Wenn du nicht sofort aufräumst ...
Räum sofort auf!
Du sollst aufräumen,
hab ich dir gesagt.

25 Was sagen die Eltern? Kannst du noch mehr Beispiele schreiben?

Leg deine Bücher	in den Schrank!
Stell deine Schultasche	nicht immer auf den Küchentisch!
Lass deine Kleider	endlich an die Wand!
Häng die Gitarre	ins Regal!
...	nicht immer im Bad liegen!
	...

A Das Fahrrad

1 Sieh dir die Fotos an. Ordne die Aussagen zu.

a Viele Schülerinnen und Schüler in Deutschland fahren mit dem Fahrrad zur Schule.
b In vielen Ländern benutzt man das Fahrrad auch als Transportmittel.
c Mit dem Rad ist man in der Stadt oft schneller als mit dem Auto. Deswegen gibt es heute „Fahrradkuriere".
d Fahrräder gibt es seit 1868. 1888 erfand Dunlop den Luftreifen.
e Für den Radsport müssen die Räder besonders leicht sein.

2 Kannst du Rad fahren? Hast du ein eigenes Fahrrad? Wozu benutzt du das Rad: Schule, Freizeit, Job?

B Eine Fahrradtour vorbereiten

Paul und David schauen sich einen Reiseprospekt an. Sie haben eine Idee.

Rotel Inn
Hotel mit Philosophie

Rotel Inn – Passau
Das einzige Hotel speziell für Fahrradfahrer in Deutschland. Idealer Ausgangspunkt für Radtouren auf dem Donauradweg.

Einbett: 15 € / Zweibett 25 €

3 **Lies die Stichwörter und höre den Dialog. Kannst du weitere Stichwörter ergänzen?**

Hotel in Passau · super! · Form: Mann · billig: 13 € · direkt am Donau-Radwanderweg ·
Vorschlag: Radtour · ...

4 **David plant die Reise und geht zum Bahnhof. Lies und höre den Dialog. Vergleiche die
Informationen mit dem Computerausdruck. Welche Information ist falsch?**

● Guten Tag. Ich möchte nach Passau.
○ Wann willst du denn fahren?
● In vier Wochen.
○ Welcher Wochentag? Welche Zeit?
● Montag morgen.
○ Moment bitte ... Ab Neheim 7 Uhr 48,
  in Warburg musst du umsteigen, ab Kassel
  kannst du dann mit dem IC weiterfahren:
  Abfahrt 10 Uhr 49 nach Würzburg. Um-
  steigen in Würzburg. Würzburg ab 12.19.

Reiseverbindungen

```
VON     Neheim-Hüsten
NACH    Passau Hbf  Fahrradmitnahme

BAHNHOF                  UHR    ZUG
Neheim-Hüsten        ab 07:48  E
 Warburg(Westf)      an 09:19
                     ab 09:25  IR
 Kassel-Wilhelmshöhe an 09:59
                     ab 10:49  IC
 Würzburg Hbf        an 11:58
                     ab 12:19  IC
 Passau Hbf          an 15:48

Preis: 85,00/128,00€ (2./1.Kl.)
5,00€, Dauer: 8:00 h
über Brilon Wald*Nürnberg*R751
```

Ankunft in Passau Hauptbahnhof 13.48.
○ Und kann ich mein Fahrrad mitnehmen?
● Dein Fahrrad? Ja, aber dann musst du
  reservieren. Es gibt im IC nur sechs
  Fahrradplätze.
● Und was kostet das?
○ 85 Euro einfache Fahrt, die Fahrradkarte
  kostet 5 Euro extra.
● Das ist aber teuer.
○ Tut mir leid, billiger geht's nicht.

5 **Fragen am Bahnhofsschalter. Ordne zu. Schreibe die Tabelle ins Heft.**

Guten Tag? Was kann ich für Sie tun? · Guten Tag! Können Sie mir bitte sagen, wann der
nächste Zug nach ... fährt? · Wann möchten Sie denn fahren? · Wie komme ich am
schnellsten von ... nach ...? · Wie viel kostet eine Fahrkarte nach ...? · Fährt Sonntag mittag
ein Zug nach ...? · Einfache Fahrt oder Rückfahrkarte? · Kann ich in diesem Zug mein
Fahrrad mitnehmen?

*Guten Tag. Was kann
ich für Sie tun?*

*Guten Tag!
Können Sie mir bitte
sagen, wann der
nächste Zug nach ...
fährt?*

6 Schreibt und spielt den Dialog.

nach Frankfurt (Main)	Wann?
Samstag, nächste Woche	13.45 Uhr Abfahrt? +?
+! Wann in Frankfurt?	18.38 Uhr
Preis?	80.- €

```
VON     Berlin Zoolg. Garten              Gültig Sonntag, de
NACH    Frankfurt(Main)Hbf

BAHNHOF                    UHR   ZUG        BEMERKUNGEN
Berlin Zoolg. Garten    ab 13:45 ICE17599  Zugrestaurant
Frankfurt(Main)Hbf      an 18:38

Preis: 80,00/114,00€ (2./1.Kl.), Dauer: 4:53 h
über (ICE:B*F)
```

7 Ihr plant zu zweit eine Radtour für zehn Tage. Ihr habt nicht viel Geld und wollt möglichst billig reisen. Was nehmt ihr mit? Was ist am wichtigsten?

▷ ein Zelt · einen Schlafsack · eine Isomatte · Kochgeschirr · Wasserflaschen · …
▷ Jeans · Pullover · eine Regenjacke · eine Badehose/einen Badeanzug …
▷ Schokolade. …
▷ Spiele. …

C Erste Etappe: Passau–Schlögen

(A) *1. Etappe: Passau–Schlögen*

Die erste Etappe ist 39 Kilometer lang. Sie haben dabei die Möglichkeit, auf dem linken oder auf dem rechten Donauufer zu radeln. Rechts fahren Sie zwar auf der Straße, aber sie ist wenig befahren. Dafür kommen Sie durch drei Ortschaften, in denen Sie etwas einkaufen können. Auch das sehenswerte Kloster Engelszell liegt am rechten Donauufer.
Am linken Donauufer ist die Strecke, die Sie auf der Straße zurücklegen müssen, kürzer, doch ist ein kleines Stück des folgenden Radweges nicht asphaltiert.
Gaststätten gibt es auch auf dieser Seite. Bei Schlögen müssen Sie die Radlerfähre benutzen.
Auch eine Kombination beider Strecken ist möglich.
Sie können zwischen Obernzell und Kasten die Fähre oder bei Niederranna die Brücke benutzen.

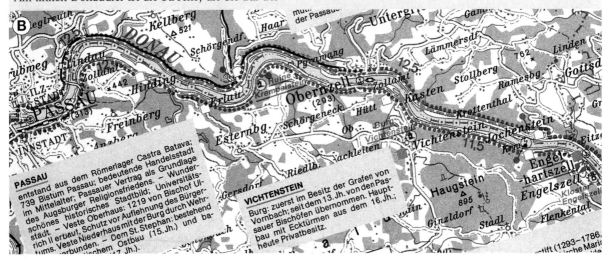

8 Wo findet ihr die Informationen? In der Etappenbeschreibung Ⓐ? Auf der Radtourenkarte Ⓑ? Auf der Übersichtskarte Ⓒ?

- Nach Passau muss man über die Grenze.
- Die nächste größere Stadt in Österreich ist Linz.
- Der Donau-Radwanderweg führt sowohl am linken als auch am rechten Ufer entlang.
- In Kasten kann man auf dem Campingplatz preiswert übernachten.
- In Engelszell kann man ein interessantes Kloster besichtigen.

9 Plant eure Route. Wo entlang? Wo essen? Wo übernachten?

Ihr startet in Passau und wollt am ersten Tag in Schlögen übernachten. Die Übernachtung soll möglichst wenig kosten. Außerdem wolltet ihr schon immer mal ein richtiges Schloss sehen.	Ihr wollt am Abend in Schlögen zelten und müsst noch Lebensmittel für das Abendessen einkaufen.	Ihr wollt eure Tour ganz gemütlich beginnen und nur ca. 20 Kilometer fahren. Dann sucht ihr euch eine Übernachtungsmöglichkeit und macht eine kleine Besichtigungstour.

Legende

- •••••• Radweg
- Ⓙ Jugendherberge
- ·····Ⴔ· Fähre
- ⚓ Schiffsstation
- ▲ Campingplatz
- ⌂ Gasthöfe
- ⬛ Übernachtungsmöglichkeit
- ⊕ Kirche
- ⊛ Kloster
- ⊕ Schloss

A Fleisch? Nein danke!

1 Sprecht über die Karikatur.

2 Lies den Leserbrief von Anett. Sie nennt zwei Gründe, warum sie kein Fleisch isst. Welche?

> Ich finde es eine Gemeinheit, dass wegen uns arme Tiere oft qualvoll leben und sterben müssen. Man kann sich auch ohne Fleisch gut ernähren. Und viel gesünder! Deshalb: Esst kein Fleisch mehr!
> *Anett Wolgast, 13 Jahre*

3 Hier sind vier Antworten auf den Leserbrief. In jedem Brief gibt es ein Schlüsselwort. Schreibe die Schlüsselwörter von b und c ins Heft. Tipp: Es ist ein Nomen.

a Ich mag kein Gemüse und keine Früchte. Unser Fleisch ist von einem Biobauernhof. Dort kann die Kuh auf einer Wiese Gras fressen, und es geht ihr gut. Deshalb ist das Fleisch auch teurer, aber wir essen auch nicht jeden Tag Fleisch.
Peter Kreucht

b Ich finde die ganze Diskussion ein bisschen übertrieben. Für Millionen Menschen auf der Welt ist Hunger das tägliche Problem, und wir diskutieren über Fleisch und Gemüse!
Hans Becker

c Bei uns zu Hause gibt es sowieso nie Schweinefleisch, weil unsere Religion das verbietet. Aber wir essen viel Lammfleisch, Fisch und Gemüse.
Neriman Tüfeckci

d Die ganzen Tiertransporte sind echt Tierquälerei. Viele Tiere sterben auf der langen Reise, weil sie kein Wasser haben. Ich habe das mal im Fernsehen gesehen. Seitdem esse ich kein Fleisch mehr.
Sonja Krull

 4 Vegetarier: Höre Teil 1 des Interviews mit Daniel und Jenny.

A Schwer:
Schreibe beim Hören Stichwörter auf und beantworte dann die Fragen 1.–8.

B Leichter:
Lies zuerst die Fragen 1.–8., höre dann die Kassette, schreibe Stichwörter auf und beantworte dann die Fragen.

Lerntipp Fragen vor dem Hören lesen. Über Fragen nachdenken hilft beim Hören und Lesen.

1. Ist Jenny auch Vegetarierin?
2. Wie alt ist Jenny?
3. Isst Daniel Fisch?
4. Isst Daniel auch Eier?

5. Seit wie viel Jahren ist er Vegetarier?
6. Wer hat ihn zuerst über alles informiert?
7. Isst Jenny lieber Rind- oder Schweinefleisch?
8. Isst Jenny viel Fleisch?

5 **Höre jetzt Teil 2 des Interviews, notiere Stichwörter und ergänze die Aussagen im Heft.**

1. Ohne Fleisch wird Jenny …
2. Daniel glaubt nicht, dass Fleisch …
3. Die … von Daniel sind auch Vegetarier.
4. Der Bruder von Jenny und die Mutter …

5. Daniel hat manchmal das Problem, dass …
6. Das isst Daniel zum Frühstück: …
7. Mittags isst er … und abends …
8. Jenny isst morgens meistens …
9. Zum Mittagessen isst sie oft … und abends …

6 **Macht eine Statistik in der Klasse: Wer isst kein Fleisch, wenig Fleisch, viel Fleisch?**

viel Fleisch	wenig …	kein…

B Obst und Gemüse

① Kirschen
② Äpfel
③ Erdbeeren
④ Kiwi

⑤ Birnen
⑥ Bananen
⑦ Apfelsinen
⑧ Ananas

⑨ Trauben
⑩ Kartoffeln
⑪ Lauch
⑫ Möhren

⑬ Blumenkohl
⑭ Knoblauch
⑮ Gurken
⑯ Spargel

⑰ Zwiebeln
⑱ Paprika

7 **Was kennst du? Was kennst du nicht?**

8 **Höre die Kassette, notiere die Wörter und markiere den Wortakzent.**

C Das Essen und die Energie

9 Lies die Tabelle.
Wie viele Kalorien am Tag
sind für dich normal?

Alter	Mädchen	Jungen
	kcal (kJoule) pro Tag	
10–12	2150 (9 030)	2250 (9 450)
13–14	2300 (9 660)	2500 (10 500)
15–18	2400 (10 000)	3000 (12 500)

10 Hast du das gewusst?

100 g Schokolade	560 kcal
100 g Tomaten	20
100 g Kartoffelchips	540
100 g Erdnüsse	650
100 g Karotten	20
100 g Apfel	55
100 g Banane	65
1 Portion Pommes	348
1 Hamburger	260
1 Stück Apfelkuchen	350
1 Praline	80

Eine Praline hat genauso viele
Kalorien wie 4 Tomaten.

11 Und was ist die Meinung von Hägar zu diesem Thema?

Heute haben wir folgende Desserts: Apfelkuchen, Nusskuchen, Schokoladenkuchen, Sahnetorte, Erdbeeren mit Schlagsahne, Zitroneneis ...

Ausgezeichnet, aber muss ich sie in dieser Reihenfolge essen?

12 Ein Interview mit einer Ernährungswissenschaftlerin: Mache Notizen zu den folgenden
Punkten und fasse das Interview zusammen.

1. Was sollen Jugendliche essen?
2. Welche Probleme gibt es in der Schule?
3. Wie oft sollte man jeden Tag essen?
4. Was sagt sie über das Thema „Fleisch"?
5. Welchen Tipp gibt sie am Ende?

D Spezialitäten

1 Wurstsorten
In den deutschen Metzgereien gibt es hunderte
von Wurstsorten. Die Deutschen sind echte
Wurstesser. Man isst Würste entweder warm
oder kalt mit Brot. Meistens zum Abendessen.

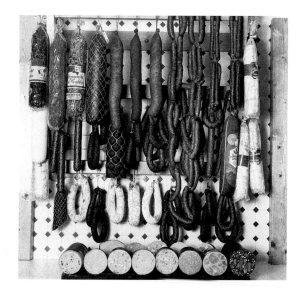

2 Brot und Brötchen

Für 84 Prozent der Deutschen ist Brot das wichtigste Nahrungsmittel. Die Bäckereien haben oft 15–20 Brotsorten im Angebot. Es gibt helles und dunkles Brot. Wer gesundheitsbewusst leben will, isst Vollkornbrot, das es auch in vielen verschiedenen Sorten gibt. Brötchen isst man gerne zum Frühstück. Auch hier gibt es eine große Auswahl.

13 Was sind Spezialitäten in deinem Land? Wann isst man sie? Schreibe kleine Texte. Die Texte 1 und 2 helfen dir.

– Bei uns gibt es …
– Die … essen meistens …
– Traditionell isst man bei uns …
– Viele … mögen besonders …

E Einkaufen

14 Schließe das Buch, höre den Dialog und schreibe den Einkaufszettel ins Heft. Hast du alles richtig geschrieben? Korrigiere mit der Einkaufsliste unten.

1 Tafel Schokolade
150 Gramm Käse
100 Gramm Schinken
1 Flasche Mineralwasser
1/2 Kilo Tomaten
1 Dose Ananas
1 Kilo Kartoffeln
3 Zitronen
2 Stücke Schokoladenkuchen
1 Glas Erdbeermarmelade
3 Becher Joghurt

15 Was hat Erika vergessen?

Sprachbaukasten „Einkaufen"

Fragen, was jemand möchte	Im Lebensmittelladen etwas verlangen
Ja, bitte?	Eine Tafel Schokolade, bitte.
Sie wünschen?	Ich hätte gern …
Was möchtest du/möchten Sie?	Ich möchte …
Noch etwas?	Ich brauche noch …
	Haben Sie Tomaten?
Ist das alles?	Danke, das ist alles.

16 Schreibt zu zweit einen Einkaufszettel. Übt den Einkaufs-Dialog und spielt ihn vor.
17 „Tante-Emma-Laden" und Supermarkt. Was ist anders? Sammelt Vor- und Nachteile.

A Deutscher Jugendmeister

1 **In welcher Sportart ist Christoph mit seiner Mannschaft deutscher Jugendmeister?**

> Christoph spielt...

Fußball	Hockey
Handball	Tischtennis
Volleyball	Tennis
Basketball	Badminton
Baseball	Golf

2 **Ordne die Bälle den Sportarten zu.**

3 **Ballsportarten: Kannst du die Fragen beantworten?**

Welche Sportarten spielt man mit der Hand, mit dem Fuß?
Welche Sportarten spielt man

in der Halle , im Freien ?

Für welche Sportarten braucht man

einen Schläger   , ein Tor   , ein Netz   ?

4 Ein Interview mit Christoph: Macht Notizen zu folgenden Stichwörtern. Vergleicht dann eure Ergebnisse in der Klasse.

Sportart? · Seit wann? · Früher? · Erfolg? · Mitschüler? · Freizeit?

5 Schreibe mit deinen Stichwörtern eine kurze Zusammenfassung des Hörtextes.

Christoph spielt erst seit... Früher hat er...

B Sportarten

6 Welches Geräusch gehört zu welchem Bild?

| Leichtathletik | Turnen | Schwimmen | Ski |

7 Sucht je vier Sportarten zu den Oberbegriffen. Arbeitet zu zweit mit einem Wörterbuch.

Ballsport: *Volleyball, Fußball*
Leichtathletik: ...
Wassersport: ...
Wintersport: ...
Kampfsport: ...

> Kampf·preis *der; Ökon;* ein sehr niedriger Preis für e-e Ware, mit dem e-e Firma die Konkurrenz vom Markt verdrängen will
> Kampf·rich·ter *der;* ein Experte, der bei e-m sportlichen Wettkampf darauf achtet, dass die Bestimmungen eingehalten werden, u. der die Leistungen der Sportler bewertet ‖ NB: ↑ *Jury*
> Kampf·sport *der;* e-e Sportart wie z. B. Boxen, Ringen od. Judo
> Kampf·stoff *der; mst Pl;* **biologische, chemische, radioaktive Kampfstoffe** (biologische, chemische, radioaktive) Substanzen, mit denen im Krieg Menschen getötet od. verletzt werden

Lerntipp Wenn du ein Wort schon kennst, zum Beispiel „Kampfsport", hilft ein einsprachiges Wörterbuch am schnellsten. Dort findest du viele Beispiele.

8 Treibst du Sport? Welche Sportarten? Seit wann? Wo? Mit wem? Wie oft? Wie lange?

9 Ein Sport-Quiz.

1. Welche Sportart kommt aus Japan?
2. In welcher Sportart wurde die deutsche Nationalmannschaft 1954, '74 und '90 Weltmeister?
3. Welche Sportart kann man nur im Winter treiben?
4. In welcher Sportart kann man den „Grand Slam" gewinnen?
5. Welches Spiel endet nach 90 Minuten?
6. Welche Sportart kostet am meisten?
7. In welcher Sportart spielen die größten Spieler?
8. Welches Spiel endet nach 21 Punkten?
9. In welcher Sportart trägt man am wenigsten Kleidung?
10. Welche Sportart ist sowohl in den USA als auch in Japan Nationalsport?

10 Sport in Vereinen: Lies den Text. Welche Information findest du am interessantesten?

Sprachbaukasten:

Über neue Informationen sprechen.

> Ich finde interessant, dass ...
> Mir fällt auf, dass ...
> Ich habe nicht gewusst, dass ...
> Ich verstehe nicht, dass ...
> Hast du gewusst, dass ...

Im Verein ist Sport am schönsten

... weil bei uns jeder Schritt helfen kann!

Wusstest du schon?

▲ 5 379 432 Jugendliche zwischen 7 und 18 Jahren waren 1993 in einem Verein Mitglied. Das sind 53,8 Prozent aller Jugendlichen.

▲ Es gibt mehr Jungen als Mädchen in den Vereinen.

▲ Bei den Jungen ist Fußball die beliebteste Sportart (über 1,2 Millionen Spieler). Bei den Mädchen ist es Turnen (ca. 750 000 Mitglieder).

▲ Baseball spielen nur ungefähr 3500 Jugendliche in Deutschland.

▲ Das Training ist meistens nachmittags oder abends. Spiele und Wettkämpfe finden am Wochenende statt.

▲ Sport in Vereinen kostet wenig: Jugendliche zahlen meistens weniger als 50 € im Jahr.

▲ Die Vereine müssen für Sporthallen und Sportplätze nichts bezahlen.

▲ Trainer und Betreuer arbeiten meistens „ehrenamtlich", d.h., sie bekommen kein Geld.

C Über Sport schreiben

11 Sammelt Argumente pro und contra Sport.

12 Pro oder contra? Ordne die Argumente zu.

Pro	Contra
Spielen macht Spaß	Sport ist langweilig

Ich brauche keinen Sport zu machen. Ich fahre immer mit dem Fahrrad in die Schule.

1. Es ist nicht schön, wenn andere immer besser sind.
2. Viele Sportarten sind teuer, z.B. Skifahren und Reiten.
3. Sport macht Spaß.
4. Gewinnen ist ein tolles Gefühl.
5. Sport ist langweilig.
6. Sport ist ein billiger Freizeitspaß.
7. Man bleibt fit und gesund.
8. Viele Sportarten kann man immer und überall treiben.
9. Man kann sich leicht verletzen.
10. Man kann mit Freunden etwas Gemeinsames machen.

Für Sport sprechen viele Argumente:
Erstens macht Spielen Spaß. Zweitens... Drittens ... Viertens...

13 Ein Text über Sport: Höre die Kassette und schreibe den zweiten Teil des Texts ins Heft.

Karin (15): Mein Lieblingssport ist Volleyball. Ich habe schon als kleines Mädchen Volleyball gespielt, zuerst bei uns im Garten und jetzt auch im Verein. Es macht einfach Spaß, sich mit den Freundinnen zu treffen. Eine hat immer einen Ball dabei, und schon geht's los. Denn Volleyball kann man immer und fast überall spielen. ...

14 Welche Argumente aus Aufgabe 12 nennt auch Karin? Welches Argument ist neu?

15 Was bedeutet Sport für dich? Schreibe deine Meinung.

D Ein Zeitungsbericht über eine deutsche Meisterschaft

16 Sammelt an der Tafel, was ihr schon über Christoph und den HBC Kassel wisst.

Baseball
HBC deutscher Jugendmeister

Kassel – Der neue deutsche Baseball-Jugendmeister kommt aus Kassel und heißt: „Herkules Baseball Club". In Bonn gewann die Jugendmannschaft des Vereins im Finale gegen die „Berlin Challengers" und holte damit den Pokal erstmals nach Kassel. Mit ihrem Erfolg steht die junge Mannschaft von Trainer Thilo Spieler bereits zwei Jahre nach ihrer Gründung an der Spitze der deutschen Baseball-Jugend.

Mit einem Sieg (7:2 gegen die Mainz Athletics) und zwei Unentschieden (1:1 gegen die „Berliner Challengers", 5:5 gegen die Bonner „Capitals") wurde der HBC in der Gruppe 1 Gruppenzweiter. Im Halbfinale standen den Kasselern die Kölner gegenüber, die mit 5:4 bezwungen wurden. Der Einzug ins Finale war geschafft.

Dort warteten erneut die „Berlin Challengers", die Topfavoriten. Doch die Kasseler hatten längst ihren Respekt vor großen Namen verloren und gewannen sensationell mit 13:1. Weiterer Erfolg: Mit Christoph Dmytrzak wurde ein Werfer des HBC zum besten Spieler des Turniers gewählt.

17 Wörter zum Thema Sport und Wettkampf.
Ergänze die dritte Spalte im Heft.

verlieren	unentschieden	...
0 : 1	0 : 0	7 : 2
null zu eins	null zu null	...

18 Ergänze den Dialog. Der Zeitungsbericht hilft dir.

● Christoph, du bist mit deiner ① Jugendmeister im ② geworden. Wie war das?

○ Super! In den Gruppenspielen haben wir zwar nur einmal ③, 7:2, und zweimal ④ gespielt, 1:1 und 5:5. Aber wir sind trotzdem mit einem ⑤ über Köln ins ⑥ gekommen. Das haben wir dann gegen Berlin ⑦ und waren damit völlig überraschend deutscher ⑧. Ich habe mich noch nie im Leben so toll gefühlt.

A Schüleraustausch

1 Was wisst ihr über Schüleraustauschprogramme in eurer Schule, eurer Stadt, eurem Land?

2 Sammelt Informationen über das Austauschprogramm zwischen Philippsburg und Readfield aus der Collage.

Wo waren die amerikanischen Schüler? Sucht die Orte auf einer Landkarte.

PARTNERSCHAFTSBEGEGNUNG ZWISCHEN DER MARANACOOK COMMUNITY SCHOOL IN READFIELD (MAINE,USA) UND DEM COPERNICUS-GYMNASIUM PHILIPPSBURG
25.03.94 - 23.04.94
PROGRAMM

25.03.94(Fr)	07.10	**Ankunft Frankfurt Flughafen** (Flug Nr. LH 423)
	09.00	**Begrüßung der Gäste** in der Schulbibliothek
	ca. 09.30	Abholung durch die Eltern
26.03.94(Sa)	16.00	**Empfangsparty** im Clubhaus der Firma GOOD-YEAR in Philippsburg
27.03.94(So) 28.03.94(Mo)		**Zur freien Verfügung** **Programmangebote der Eltern** für Freizeitgestaltung der Jugendlichen
29.03.94(Di)	08.00 ab Gymnasium	**Fahrt nach Neckarzimmern/Odenwald** (Kristallglaswerk; Burg Hornberg) **Eberstadter Tropfsteinhöhle** (Rückfahrt am Neckar entlang Eberbach-4-Burgeneck-Heidelberg
	ca. 18.00	**Ankunft in Philippsburg** (Gymnasium)
30.03.94(Mi) 31.03.94(Do) 01.04.94(Fr) 02.04.94(Sa) 03.04.94(So) 04.04.94(Mo)		**Osterferien zur freien Verfügung**; Programmangebote der Eltern für Freizeitgestaltung der Jugendlichen
05.04.94(Di)	08.00 ab Gymnasium	**Abreise nach München** (mit Bus) Aufenthalt in **Nürnberg** (ca. 4 Std.)
06.04.94(Mi)		Aufenthalt in **München**
07.04.94(Do)		Aufenthalt in **München**
08.04.94(Fr)		**Fahrt nach Neuschwanstein, Linderhof** usw.
09.04.94(Sa)	ca.14.30 ca.19.00	Rückreise von München **Ankunft** in Philippsburg (Gymnasium)
10.04.94(So)		**Zur freien Verfügung**

In Deutschland haben sehr viele Schulen Austauschprogramme mit ausländischen Partnerschulen oder Partnerstädten. Auch für Ferienkurse in Deutschland gibt es Stipendien. Mehr als 30 000 Schülerinnen und Schüler und 5000 Lehrerinnen und Lehrer nehmen jedes Jahr an Austauschprogrammen teil. Im USA-Programm waren es 1990 allein 10 000 Schülerinnen und Schüler.

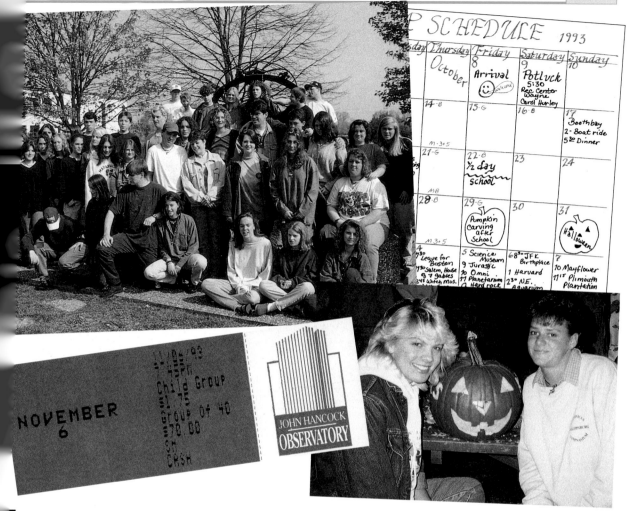

3 Im Interview berichten die deutschen und amerikanischen Schüler und ihre Lehrerin, was sie in Deutschland gemacht haben und wo sie waren. Höre die Kassette. Was passt zusammen?

Die Jugendlichen	sind zusammen in Diskos gegangen.
Ein Schüler	sind sie von Bingen nach St. Goar gefahren.
In Stuttgart	haben sie den Landtag (das Parlament) besucht.
Auf dem Rhein	waren sie im Hofbräuhaus. Sie haben aber kein Bier getrunken.
In München	haben sie „My Fair Lady" gesehen.
Im Theater	haben sie eine Stadtrundfahrt gemacht.
	waren sie im Zoo, in der „Wilhelma".
	haben sich abends getroffen.
	war in der Schweiz und ist Ski gelaufen.

4 Austauschprogramme in eurer Schule/ eurer Stadt: Was sollen die Gäste sehen? Plant eine Woche. Schreibt einige Programmpunkte auf.

5 Eine Programmplanung diskutieren: Sprecht über die Stichwörter aus Aufgabe 4. Was würdet ihr planen? Was sollten die Gäste sehen?

Ausländische Schüler würden sicher gern | das Stadtmuseum besichtigen.
Wir könnten zusammen | ins Schwimmbad gehen.
Wir sollten auf jeden Fall | eine Party machen.
Wir müssten unbedingt | eine Tagesfahrt nach … machen.
| ein Konzert besuchen.
| unsere Schule kennen lernen.
| im Park spazieren gehen.

6 Berichtet über eure Planung in der Klasse.

Am ersten Tag würde ich...

Wir würden...

B Grammatik: Konjunktiv II

GR 7 In den Aufgaben 4–6 findest du die Verben *können, müssen, sollen* und *werden* im Konjunktiv II. Notiere die neuen Formen.

8 Konjunktiv II: Sagen, was (noch) nicht Realität ist – Wünsche, Ratschläge und Tipps. Welcher Satz passt zu welcher Zeichnung?

(a) Ich bin überhaupt nicht mehr fit. Ich müsste mehr Sport treiben.

(b) Ich würde gern ein Moped kaufen, aber ich habe kein Geld.

(c) Ihr solltet das Schloss Neuschwanstein besichtigen. Es ist wirklich sehenswert.

9 Kannst du Tipps geben?

John interessiert sich für alte Schlösser.
Maria mag klassische Musik.
Jean findet Fußball toll. Er ist am Wochen-
ende in München.
Ali ist ein „Techno"-Fan.
Mario findet Geschichte interessant.
Svenja mag die Alpen. Sie fährt gern Ski.

- Schloss Neuschwanstein besichtigen
- ein Konzert in der Oper besuchen
- ins Olympiastadion gehen
- in die „Factory" gehen; da gibt es im
  Moment den besten DJ
- das Deutsche Historische Museum
  besuchen
- ein paar Tage nach Bayern, Österreich
  oder in die Schweiz fahren

10 Du *solltest* dir eine Verbtabelle zu den neuen Verben machen.
Tipp: Du findest alle Endungen auf Seite 98 und 99.

	können	müssen	sollen	werden
ich	könnte	müsste		

11 Vergleiche die Bilder und die Sprechblasen. Was ist höflicher/freundlicher?

12 Alle haben gute Tipps! Arbeite mit deiner Verbtabelle und ergänze die Sätze.

a Mein Sportlehrer sagt, ich s… mehr joggen.
b Mein Vater sagt zu meiner Schwester und mir: „Ihr m… mal wieder eure Zimmer
   aufräumen."
c Meine Tante meint, dass ich am Wochenende mit zur Großmutter fahren s… .
d Meine Deutschlehrerin sagt zu uns oft: „Ihr k… mehr lernen!"
e Meine Freundin findet, dass ich mir einen neuen Pullover kaufen m… .
f Die meisten Eltern finden, dass Jugendliche abends um zehn zu Hause sein s… .
g Und ich? Ich finde, dass man anderen Leuten nicht so viele Ratschläge geben s… .
h Ich w… gern mal in Ruhe ein Buch lesen.

C Deutschland von außen

Die amerikanischen Schüler haben sich zusammen mit ihrer Lehrerin auf den Austausch vorbereitet. Sie haben einen Fragebogen ausgearbeitet und dann genau beobachtet. Zum Schluss haben sie die Beobachtungen notiert und in der Gruppe darüber gesprochen. Ihr Thema war: „Was ist in Deutschland anders und was ist genauso wie in den USA?"

13 Lies die Fragen aus dem Fragebogen. Welche anderen Fragen würdest du stellen?

```
1. Wie wohnen eure Gastfamilien?
2. Was machen die Familien in den Ferien?
3. Was ist in den Familien anders als zu Hause?
4. Sind die Jugendlichen anders als bei uns?
5. Wo treffen sich die Jugendlichen nach der Schule?
6. Was machen sie nachmittags und abends?
7. Wann beginnt die Schule, wann ist sie zu Ende?
8. Wie sind die Lehrer: streng, partnerschaftlich?
9. Gibt es vie
```

14 Diskutiert in der Klasse: Welche Antworten erwartet ihr? Welche Antworten interessieren euch am meisten?

15 Diese Beobachtungen haben die Schülerinnen und Schüler aufgeschrieben. Lies die Sätze. Welche Fragen beantworten sie? Auf welche Fragen gibt es keine Antworten?

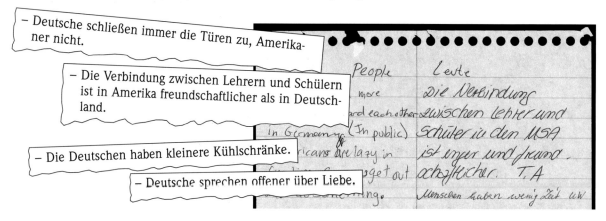

- Deutsche schließen immer die Türen zu, Amerikaner nicht.

- Die Verbindung zwischen Lehrern und Schülern ist in Amerika freundschaftlicher als in Deutschland.

- Die Deutschen haben kleinere Kühlschränke.

- Deutsche sprechen offener über Liebe.

- Wir hören die gleiche Musik.

- Die meisten deutschen Häuser haben Rollläden.

- Deutsche Jugendliche zeigen sich auf der Straße, dass sie sich mögen. Bei uns nicht.

- Die Deutschen dürfen ab 16 Bier trinken, aber erst ab 18 Auto fahren. Bei uns darf man ab 16 Auto fahren, aber erst mit 18 oder 21 Bier trinken.

- Deutsche Jugendliche rauchen mehr.

- Wir sehen mehr fern als die Deutschen.

- Deutsche haben mehr Möglichkeiten, abends auszugehen. Im Jugendzentrum kann man sich auch abends treffen.

- Deutsche sprechen mehr Sprachen als Amerikaner.

- Wir sagen oft nur „Hi". Die Deutschen schütteln sich die Hände.

- Urlaubsreisen sind sehr wichtig für die Deutschen. Sie fahren öfter ins Ausland als die Amerikaner.

- Deutsche essen mehr Butter und trinken fette Milch. Wir essen mehr Margarine.

- Sport ist für uns wichtiger als für die Deutschen.

- Die Jugendlichen gehen hier genauso gern aus wie bei uns. Aber deutsche Jugendliche bleiben auch gern in ihrem Zimmer.

- In Deutschland leben mehr Menschen in Wohnungen als in Amerika.

- Amerikaner sind freundlicher und unkomplizierter als die Deutschen.

- Bei uns ist man freundlicher zu Fremden als in Deutschland.

- Amerikaner sprechen nicht so viel über persönliche Dinge wie die Deutschen.

- Schule ist meistens von 8 Uhr bis 1 Uhr. Wir fangen später an und kommen später nach Hause.

- Deutsche Jugendliche küssen öfter, aber das heißt nicht viel.

- Die Lichtschalter und die Türgriffe sind anders in Deutschland.

- Deutsche und Amerikaner essen gern Süßigkeiten.

- Die Großeltern leben meistens nicht im Haus.

- Deutsche fahren ziemlich schnell Auto. Auf vielen Autobahnen dürfen sie so schnell fahren, wie sie wollen.

16 Kommentieren: Was überrascht euch? Was habt ihr auch schon beobachtet?

Mich überrascht, dass …   Ich kann mir nicht vorstellen, dass …

Stimmt es wirklich, dass die Deutschen …   Mir gefällt, dass …

17 Was würde Deutschen in deinem Land auffallen?

Essen · Alltag · Familie · Jugendliche · Schule

1 Betrachte die Bilder und lies die Geschichte. Welches Bild gehört zu welchem Abschnitt?

Das enge Zimmer

Es war einmal ein Mann, der wohnte mit seiner Frau in einem ganz kleinen Zimmer. Er fühlte sich eng und ungemütlich darin und hatte fast jeden Tag Streit mit seiner Frau, weil er keinen Platz für seine Füße hatte. Er hatte auch kein Geld, um sich eine größere Wohnung zu mieten. Deshalb ging er zu einem klugen Mann und fragte ihn: „Was soll ich tun?" Der „Weise" sagte zu ihm: „Nimm deine Schwiegermutter in dein Zimmer!" Der Mann bekam einen Schreck, aber er tat es.

Nach einer Woche wurde es ihm noch viel enger, und er ging wieder zu dem Weisen. Der sagte: „Nimm deine beiden Vettern und Cousinen mit in das Zimmer!" Der Mann bekam einen noch größeren Schreck, aber er machte auch das.

Nach einiger Zeit gab es so viel Krach zwischen seiner Frau, der Schwiegermutter, den Vettern und Cousinen, dass er zum dritten Mal zu dem Weisen ging. Der sagte: „Gut, dann nimm noch deine Hühner, deine beiden Schweine und die Gänse mit in das Zimmer!" Der Mann war sehr unglücklich, aber er tat das, was der Weise ihm sagte. Es gab in seinem Zimmer ein fürchterliches Chaos. Die Familienmitglieder schrien und stritten miteinander, sie hatten keinen Platz, und sie mussten im Stehen schlafen. Die Schweine quiekten, die Hühner flatterten durcheinander, das Zimmer stank und sah aus wie ein einziger Misthaufen. Der Mann war nun fast verrückt.

Er ging noch einmal zu dem Weisen und fing an zu weinen. Der Weise lächelte und sagte: „Gut, jetzt schmeiß alle wieder raus: die Schwiegermutter, die Vettern und Cousinen, die Hühner, Schweine, Gänse, und dann mach alles sauber!" Der Mann ging nach Hause und machte genau das, was der kluge Mann gesagt hatte. Am nächsten Tag kam er zurück zu dem Weisen. Er lachte die ganze Zeit! „Ich bin so glücklich", sagte er. „Ich habe plötzlich so viel Platz in meinem Zimmer! Jetzt ist es das schönste Zimmer der Welt! Und mit meiner Frau verstehe ich mich wieder so gut wie zur Hochzeit!"

2 Warum hat der Weise dem Mann geraten, immer mehr Leute und Tiere im Zimmer unterzubringen?

Ich glaube, er wollte dem Mann zeigen, dass ...

3   Die BSG Waldau

Im Text fehlen Informationen. Höre zuerst die Kassette. Lies dann den Text und höre die Kassette noch einmal. Jetzt kannst du die fehlenden Informationen ergänzen. Die Satzanfänge unten helfen dir.

Wenn man in das Clubhaus kommt, sieht es auf den ersten Blick aus wie in einem Verein: Pokale, Wimpel, Sporttaschen, Getränkeautomaten, Fotos an den Wänden. Es ist laut. Jugendliche trainieren in der Halle nebenan. Aber dieser Sportverein ist anders. Die Jugendlichen sitzen alle im Rollstuhl. Oft kommen auch gesunde Freunde und Klassenkameraden mit zum Training ①.

Vor vier Jahren begann die Gruppe zu trainieren. Heute machen etwa 15 Jugendliche mit, erzählt Trainer Eddi Zinner. Eddi sitzt seit 13 Jahren im Rollstuhl. Früher war er Fallschirmspringer, bis sich einmal der Fallschirm nicht ganz öffnete. Seit seinem Unfall ist er querschnittsgelähmt. Eddi hat vor allem

Christian Glötzer (14) ist der aktivste Sportler der Gruppe. Handball, Basketball, Schwimmen, alles macht ihm Spaß. Christian fährt sogar Ski.

ein Problem bei der Arbeit mit der Gruppe: ②. Trotzdem verliert Eddi nicht den Mut. Die Arbeit macht ihm Spaß. Er möchte, dass die Jugendlichen auch etwas für ihr Leben lernen ③. Im Alltag hat sich zwar schon vieles verbessert, aber es gibt immer noch Probleme ④. Edi meint, dass die Behinderten eine andere Rolle spielen müssen ⑤.

① Die gesunden Jugendlichen merken, dass …
② Die Sportgeräte sind …
③ Sie sollen …
④ Auch die neuen …
⑤ Man sollte die Behinderten …

4 **Dieses Zimmer hat der amerikanische Künstler Roy Lichtenstein gemalt.**

Roy Lichtenstein: Schlafzimmer in Arles, 320 x 420,4 cm

5 **A Leichter – Ergänze die Beschreibung: Was steht/liegt wo?**

An der Wand rechts steht ein alt.. Bett. Über … Bett hängen vier Bilder. … Bett liegen zwei weiß.. Kissen und eine braun.. Decke. … Bett steht ein modern.. Stuhl. Hinter … Bett hängen zwei weiß.. Hemden. Über den Hemden …

B Schwerer – Beschreibe die linke Seite des Bildes: Wo stehen/liegen die Dinge?

der Tisch · der Wasserkrug · die Vase · der Stuhl · der Spiegel

6 **Zeichne und beschreibe dein Zimmer.**

A beschreibt sein/ihr Zimmer – B zeichnet, was er/sie hört.
B beschreibt sein/ihr Zimmer – A zeichnet, was er/sie hört.

eine Vase   ein Tisch   ein Stuhl   ein Fenster

ein Regal   Blumen   eine Flasche   eine Lampe

7 Wortfelder: Wie viele Wörter findest du in der Collage? Mache Listen im Heft.

Essen	Möbel
Tomate	

8 Beschreibe das Gesicht.

Die Jeans sind die Nase.

9 Fußball spielen in der Klasse.

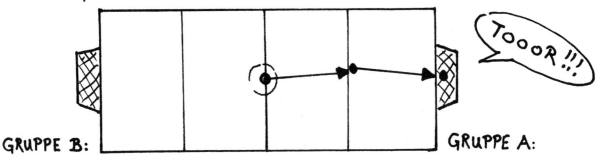

GRUPPE B: **GRUPPE A:**

- Zeichnet das Fußballfeld an die Tafel oder auf eine Folie.
  Der „Ball" (ein Kreidepunkt, eine Münze) liegt in der Mitte.
- Gruppe A stellt die erste Aufgabe.
- Gruppe B antwortet. – Richtig? Dann geht der Ball in Richtung Tor A.
  (Falsch? – Der Ball geht Richtung Tor B.)
- Jetzt stellt Gruppe B eine Aufgabe. …
- Wer in zehn Minuten die meisten Tore hat, hat gewonnen.

Hier ein paar Ideen für Aufgaben:

Definitionen:	Grammatik:	Wortschatz:
WAS IST DAS?	• Wie heißt das Präteritum von „ich will"?	• Wie heißt das Gegenteil von „heiß"?
• Es ist rund und rot.	• Wie beginnt die Antwort?: Warum hast du deine Hausaufgaben nicht gemacht?	• Nenne eine Wintersportart.
• Es ist lang und gelb, und man kann es essen.	• Wie heißt das nächste Wort in dem Satz?: Ich finde nicht, …	• Ein Wort passt nicht in die Reihe: braun · orange · heiß · weiß
• Es hat zwei Räder.	• Gib einen Tipp: Du … mehr Gemüse essen!	• Wie heißt der Satz auf Deutsch? "…"
• Es ist weiß und kalt.	• Welches Wort fehlt?: groß, größer, … .	• Nenne fünf Obstsorten.
• Man macht es aus Kartoffeln.		
• Es ist heiß …		

10 Memory

**Arbeitet in Gruppen. Jede Gruppe macht ein Memory-Spiel für eine andere Gruppe.
Ihr braucht 14 Kärtchen für jede Gruppe. Schreibt oder zeichnet sieben Paare.
Hier einige Ideen:**

Gegensätze **Bild + Wort** **Infinitiv/Präteritum**

schwarz | weiß   🥚 | Osterei   gehen | ging

Verben + Präpositionen **Landeskunde**

denken | an   München | Bayern

Landeskunde-Quiz

11

Kennt ihr euch aus in den deutschsprachigen Ländern? Wer zuerst alle Fragen beantwortet hat, ist Landeskunde-Klassenmeister/in.

1 Welche Farbe haben die Briefkästen in Deutschland?

2 Welche Farbe haben die Autobahnschilder in Deutschland und Österreich?

3 Hat eine Schweizer Postleitzahl vier oder fünf Zahlen?

4 Was ist für die Deutschen wichtiger: Kartoffeln oder Brot?

5 Wo findet man Adressen für Brieffreundschaften?

6 Nenne drei deutschsprachige Fernsehsender!

7 Appenzell ist: ein Kanton in der Schweiz / ein Berg in Österreich / eine deutsche Fahrradmarke?

8 Stimmt das?: Ab 13 dürfen deutsche Schüler in den Ferien drei Stunden am Tag arbeiten.

9 Arnold Schwarzenegger kommt aus den USA / Deutschland / Österreich?

10 Die ausländischen Schüler waren überrascht, dass …

11 Welche Idee war von Franz von Taxis: der erste Telegraf? / die erste Postkutschen-Linie? / das erste Taxi?

12 Der bekannteste Weihnachtsmarkt in den deutschsprachigen Ländern ist der Berliner Weihnachtsmarkt / der Wiener Rathausmarkt / der Nürnberger Christkindlmarkt.

Haueda
Stadt
Liebenau
Landkreis Kassel

13 Wo steht dieses Schild: vor dem Ort / nach dem Ort / im Ort ?

14 Stimmt das?: Am 25. Dezember packt man in Deutschland die Weihnachtsgeschenke aus.

15 Wie heißt er? Wie heißt ein berühmter Film mit ihm?

16 Ist das richtig?: In den Zügen in Deutschland darf man keine Fahrräder mitnehmen.

17 Zwei Informationen sind richtig. Passau liegt: an der Donau / nahe an der deutsch-österreichischen Grenze / in den Alpen.

18 Was ist richtig? Mehr als 2000 / 10 000 / 30 000 Schüler aus Deutschland nehmen jährlich an Austauschprogrammen teil.

19 Stimmt das?: Die meisten deutschen Schüler spielen Baseball.

20 Wie heißen solche Häuser auf Deutsch?

1 Fotos erzählen Geschichten: Suche dir ein Foto aus und schreibe eine Geschichte dazu. Der Satz unter dem Foto sollte in der Geschichte vorkommen.

... und dann haben wir gesagt: Wir müssen sofort anrufen ...

Nach einer Stunde hatte er schon 15 € bekommen. Vielleicht klappte es ja noch ...

2 Zungenbrecher: Lies die Sätze. Welche sind leicht zu sprechen und welche schwer? Warum? Wer kann den Satz am schnellsten sprechen?

> Kleine Kinder können keine kleinen Kirschkerne knacken.

> Der Cottbuser Postkutscher putzt den Cottbuser Postkutschkasten.

> Blaukraut bleibt Blaukraut und Brautkleid bleibt Brautkleid.

> Töpfers Trinchen trägt tausend Töpfe, tausend Töpfe trägt Töpfers Trinchen.

> Bürsten mit schwarzen Borsten bürsten besser als Bürsten mit braunen Borsten.

> Fischers Fritz fischt frische Fische.

Fischers Fitsche frißt Fritzes ...

3 Lies und höre den Dialog zwischen zwei Jungen. Mache dann die Aufgaben 1–4.

Peter Härtling:

Sollen wir uns kloppen?

Bernd: Geh mir mal aus dem Weg!

Frieder: Warum?

Bernd: Weil du mir im Weg stehst.

Frieder: Aber du kannst doch an mir vorbeigehen. Da ist eine Menge Platz.

Bernd: Das kann ich nicht.

Frieder: Warum?

Bernd: Weil ich geradeaus will.

Frieder: Warum?

Bernd: Weil ich das will. Weil du jetzt mein Feind bist.

Frieder: Warum?

Bernd: Weil du mir im Weg stehst.

Frieder: Darum bin ich jetzt dein Feind?

Bernd: Ja, darum.

Frieder: Und wenn ich dir aus dem Weg gehe, bin ich dann auch noch dein Feind?

Bernd: Ja, weil du dann ein Feigling bist.

Frieder: Was soll ich denn machen?

Bernd: Am besten, wir verkloppen uns.

Frieder: Und wenn wir uns verkloppt haben, bin ich dann auch noch dein Feind?

Bernd: Ich weiß nicht, kann sein.

Frieder: Dann geh ich dir lieber aus dem Weg und bin ein Feigling.

Bernd: Ich hab gewusst, dass du ein Feigling bist. Von Anfang an hab ich das gewusst.

Frieder: Wenn du es schon vorher gewusst hast, warum bist du dann nicht an mir vorbeigegangen?

1. Was kannst du über Bernd und Frieder sagen? Alter, Größe, Aussehen?
2. Wo treffen sich die beiden: in der Schule, in der Disko, …?
3. Wer gefällt dir besser, Frieder oder Bernd?
4. Wie könnte die Geschichte weitergehen?

4 Könnt ihr den Dialog spielen? Übt zuerst die Intonation. Überlegt: Wie stellt ihr euch Frieder und Bernd vor? Wie ist die Situation? Wie sprechen die beiden: laut oder leise, ruhig oder aggressiv, …?

5 Rollenwechsel:
- Bernd ist ein Mädchen und heißt Beate.
- Bernd und Frieder sind Mädchen. Sie heißen Beate und Frieda.
- Bernd ist ein starker Mann. Frieda eine alte Frau.

Fallen euch noch mehr Rollen ein? Wie ändert sich jeweils der Dialog?

6 Ein Lied

Hannes Wader
Heute hier, morgen dort

G · · · · · · G
Heute hier, morgen dort,
C · · · · · · G
bin kaum da, muss ich fort,
G · · · · · · G · · · e · · · D
hab mich niemals deswegen beklagt;
G · · · · · · G
hab es selbst so gewählt,
C · · · · · · G
nie die Jahre gezählt,
· · · · · e · · · · · · D
nie nach gestern und morgen
· · · G
· · · gefragt.

D · · · · · · · · · · D
Manchmal träume ich schwer,
· · · · · · · · · · C · · · · G
und dann denk ich, es wär
· · · · · D · · · · · · · · · · D
Zeit zu bleiben und nun
· · · · · · · · · · C · · · · G
was ganz andres zu tun.
· · · · · · · · · · G · · · · · · · G
So vergeht Jahr um Jahr,
· · · · · · · · · · C · · · · G
und es ist mir längst klar,
· · · · · · · · · · e · · · · · · · · · · D
dass nichts bleibt, dass nichts bleibt,
· · · · · · · · · · G
· · · wie es war.

Dass man mich kaum vermisst,
schon nach Tagen vergisst,
wenn ich längst wieder anderswo
· · · bin,
stört und kümmert mich nicht,
vielleicht bleibt mein Gesicht
doch dem ein oder anderen im Sinn.

Manchmal träume ich schwer ...

Fragt mich einer, warum
ich so bin, bleib ich stumm,
denn die Antwort darauf fällt mir
· · · schwer,
denn was neu ist, wird alt,
und was gestern noch galt,
stimmt schon heut oder morgen
· · · nicht mehr.

Manchmal träume ich schwer ...

7 Betrachtet die Bilder zum Thema „Reisen". Was fällt euch zu den verschiedenen Arten zu reisen ein? Wir haben unten ein paar Stichwörter gesammelt.

teuer – billig · · · schnell – langsam · · · viel sehen – wenig sehen

man trifft viele Menschen – man trifft wenig Menschen

gut – schlecht für die Umwelt · · · gesund – ungesund · · · interessant – langweilig

8 Ein Diktat, zwei Möglichkeiten.

A Höre die Kassette und schreibe mit.   B Im Arbeitsbuch findest du das
                                              Diktat als Lückentext. Ergänze die Wörter.

9 Grammatiksprache: Was ist das Grammatikthema? Ordne die grammatischen Begriffe den Sätzen zu.

① Das Buch gehört **mir**.
② Maria **freut sich** über das Buch.
③ Der rot**e** Pullover gefällt mir.
④ Ich wohne **seit einem Jahr** in Österreich.
⑤ Elke **lief** schnell zu ihrer Mutter zurück.
⑥ Sabine gibt **ihrem Freund einen Kuss**.
⑦ Die Lehrer **sollten** weniger Hausaufgaben geben.
⑧ Wir haben **keine Lust**, die Hausaufgaben **zu** machen.
⑨ ○ Leg das Buch **auf den Tisch**.
    ● Es liegt doch schon **auf dem Tisch**.

ⓐ Reflexivpronomen + Akkusativ
ⓑ Adjektivendungen
ⓒ Unregelmäßige Verben
ⓓ Infinitiv mit „zu"
ⓔ Konjunktiv II (Modalverben)
ⓕ Wechselpräpositionen
ⓖ Verben mit Dativ
ⓗ Sätze mit Zeitangaben + Dativ
ⓘ Verben mit Akkusativergänzung
    + Dativergänzung

10 Seht euch noch einmal Aufgabe 8 auf Seite 32 an und arbeitet genauso.

11 Nachdenken über den Deutschunterricht: Was habe ich in *sowieso 2* gelernt? Was kann ich noch nicht so gut?

1. Ich kann erzählen, was ich in den Schulferien gemacht habe.
2. Ich kann beschreiben, wie jemand ist und wie jemand aussieht.
3. Ich kann berichten, was andere gesagt haben.
4. Ich kann einen Brief auf Deutsch schreiben.
5. Ich kann mich entschuldigen und begründen, warum ich nicht kommen konnte.
6. Ich kann auf Deutsch einkaufen.
7. Ich kann (fast) alle Körperteile auf Deutsch nennen.

Könnt ihr die Liste ergänzen?

12 Wählt jetzt ein Thema aus der Liste aus und organisiert eine Wiederholung im Kurs.

In dieser Liste findest du die Wörter aus Einheit 1–24 von *sowieso 2*. Wörter aus den Lesetexten (z. B. Fernsehprogramm, S. 23), Namen von Personen, Städten und Ländern haben wir nicht aufgenommen.

Diese Informationen gibt das Wörterverzeichnis:

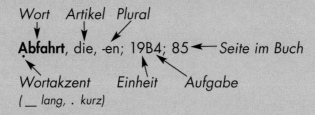

Wort   Artikel   Plural

Abfahrt, die, -en; 19B4; 85 ◄── *Seite im Buch*

Wortakzent   Einheit   Aufgabe
(__ lang, . kurz)

Fett gedruckte Wörter gehören zum Lernwortschatz. Diese Wörter musst du auf jeden Fall lernen.
Unregelmäßige Verben sind mit allen Formen angegeben.

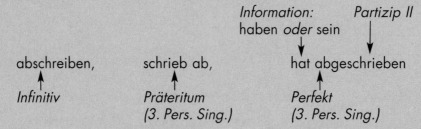

Information: Partizip II
haben oder sein

abschreiben,   schrieb ab,   hat abgeschrieben

Infinitiv   Präteritum   Perfekt
(3. Pers. Sing.)   (3. Pers. Sing.)

Viele Wörter haben mehr als eine Bedeutung. Sie sind dann so aufgeführt:

vorstellen (1); 2B3; 11
vorstellen (2); 22C16; 101

---

ab; 8.1; 34
abbauen; 18D19; 82
Abendessen, das, -; 8.5; 35
abends; 6C12; 28
Abfahrt, die, -en; 19B4; 85
abfragen; 6C12; 28
abhören; 3C18; 17
Abkürzung, die, -en; 12A7; 53
Absatz, der, "-e; 8.2; 34
abschicken; 4B6; 20
Abschnitt, der, -e; 7.10; 33
abschreiben, schrieb ab, hat
   abgeschrieben; 2C9; 13
Absicht, die, -en; 14B6; 61
Ach du meine Güte!; 16.2; 70
Adjektivdeklination, die, -en; 11C6;
   50
Adjektivendung, die, -en; 2C6; 13
Adjektivhut, der, "-e; 8.4; 35
Adjektivspezialist, der, -en; 8.4; 35
Advent, der, (Sg.); 17A1; 72
Adventskalender, der, -; 17A4; 73
Adventskranz, der, "-e; 17A4; 73

aggressiv; 24.4; 109
Ahnung, die, -en; 14B5; 61
Akkordeon, das, -s; 4D8; 21
Aktentasche, die, -n; 10A1; 42
aktiv; 17C15; 77
aktuell; 10A3; 43
Akzent, der, -e; 8.12; 37
albern; 2C7; 13
Alkohol, der, (Sg.); 8.1; 34
allein; 1B9; 8
alles; 1B; 8
Alltag, der (Sg.); 22C17; 101
also; 1B8; 8
Altbau, der, -ten; 18B8; 79
altmodisch; 2B3; 12
Amerikaner, der, -; 22C15; 100
amerikanisch; 8.12; 37
Ami (Amerikaner), der, -s; 8.12; 37
an; 4A1; 18
Ananas, die, -; 20B; 89
anbieten, bot an, hat angeboten;
   13C14; 59
Anfang, der, -"e; 12A7; 53

Anfangsgage, die, -n; 8.10; 37
Angeber, der, -; 1B9; 8
Angebot, das, -e; 17A7; 74
Angst, die, "-e; 14C11; 62
ängstlich; 6A4; 27
angucken; 5A2; 22
ankommen, kam an, ist ange-
   kommen; 4D8; 21
Ankunft, die, (mst. Sg.); 19B4; 85
anmachen; 5A2; 22
Anordnung, die, -en; 14B5; 61
Anrede, die, -n; 4C; 20
Anruf, der, -e; 10C16; 47
Anrufbeantworter, der, -; 3C18; 17
anschalten; 5A3; 22
Ansichtskarte, die, -n; 1A7; 7
antik; 12B13; 55
Antistress-Programm, das, -e; 6D; 29
antworten; 4B6; 20
Anzeige, die, -n; 4B6; 20
Anzug, der, "-e; 10A1; 42
anzünden; 17A4; 73
Apfelsine, die, -n; 20B; 89

Arbeit, die, -en; 4A4; 19
Arbeitszimmer, das, -; 18C14; 81
Ärger, der, (Sg.); 14A2; 60
ärgern; 10A7; 44
ärgern (sich); 10C; 47
Argument, das, -e; 21C11; 94
arm; 20A2; 88
Arm, der, -e; 11A; 48
Art, die, -en; 24.7; 110
Atmosphäre, die, -n; 6D15; 29
auf jeden Fall; 22A5; 98
auffallen, fiel auf, ist aufgefallen; 21B10; 94
aufgeregt; 9A1; 38
aufhängen, hing auf, hat aufgehangen; 18C15; 81
aufmachen; 18D22; 83
aufmachen (sich); 8.12; 37
aufmerksam; 9A3; 39
aufräumen; 1A6; 7
aufregend; 18D19; 82
Auge, das, -n; 2B3; 11
ausarbeiten; 22C; 100
Ausflug, der, "-e; 7.3; 31
Ausgabe, die, -n; 13A4; 56
Ausgangspunkt, der, -e; 19B; 84
ausgeben, gab aus, hat ausgegeben; 10A8; 44
ausgebucht; 17A9; 74
ausgehen, ging aus, ist ausgegangen; 17B12; 75
ausgezeichnet; 9B14; 41
auskennen (sich), kannte aus, hat ausgekannt; 23.11; 107
auskommen, kam aus, ist ausgekommen; 14C15; 63
Ausland, das, (Sg.); 22C15; 101
ausländisch; 22A2; 96
Ausnahme, die, -n; 8.1; 34
ausscheiden, schied aus, ist ausgeschieden; 8.5; 35
Ausschnitt, der, -e; 18A3; 78
aussehen, sah aus, hat ausgesehen; 2B3; 12
außen; 22C; 100
außerdem; 10A7; 44
Aussprache, die, -n; 3A3; 14
aussteigen, stieg aus, ist ausgestiegen; 18D22; 83
Ausstrahlung, die, -en; 11B3; 49
aussuchen; 24.1; 108
Austausch, der, (Sg.); 22A; 96
austragen, trug aus, hat ausgetragen; 8.1; 34
Auswahl, die, (Sg.); 20D; 91
Autobahn, die, -en; 12B16; 55
Autobahnschild, das, -er; 2A1; 10
Autogramm, das, -e; 13C14; 59

babysitten; 13B8; 57
Babysitter, der, -; 5E16; 25
Bach, der, "-e; 17C13; 76
Bäckerei, die, -en; 20D; 91
Bad, das, "-er; 18C14; 81
Badeanzug, der, "-e; 19B7; 86
Badehose, die, -n; 19B7; 86
baden; 1A4; 7
Badewanne, die, -n; 1B9; 8
Badminton, das, (Sg.); 21A1; 92
Balkon, der, -e; 18B8; 79
Banane, die, -n; 2C5; 12
Band, der, "-e; 1A1; 6
Bank, die, "-e; 16.2; 70
Bar, die, -s; 16.8; 71
Baseball, das/der, (Sg.); 21A1; 92
Basketball, das/der, (Sg.); 21A1; 92
Bauch, der, "-e; 11A; 48
bauen; 12A5; 53
Bauer, der, -n; 5D15; 25
Bauernhof, der, "-e; 1A5; 7
Baum, der, "-e; 18D22; 83
bearbeiten; 12A7; 53
Becher, der, -; 20E14; 91
befreundet sein mit; 7.10; 33
begießen, begoss, hat begossen; 17C14; 77
Begriff, der, -e; 7.6; 32
begründen; 6B; 27
begrüßen; 17B12; 75
behaupten; 5E16; 25
Behinderte, der/die, -n; 23.3; 103
beilegen; 4D8; 21
Bein, das, -e; 11A; 48
bekannt; 17A1; 72
Bekannte, der/die, -n; 9A5; 39
bekommen, bekam, hat bekommen; 4A4; 19
beliebt; 21B10; 94
bemalen; 17C13; 76
benutzen; 5E16; 25
beobachten; 22C; 100
Beobachtung, die, -en; 22C; 100
Bereich, der, -e; 13B8; 57
berichten; 1A5; 7
Beruf, der, -e; 6C; 28
Beschreibung, die, -en; 2B4; 12
besetzt; 15.12; 66
besichtigen; 19C8; 87
Besichtigung, die, -en; 19C9; 87
besonders; 2C9; 13
besorgen (sich); 7.5; 31
bestimmt-; 10A7; 44
Besuch, der, -e; 4A1; 18
betrachten; 23.1; 102
Betreuer, der, -; 21B10; 94
beurteilen; 10A7; 44

bewegen (sich); 18D22; 83
Bewegung, die, -en; 6D16; 29
bezahlen; 10B12; 46
bilden; 12B12; 54
Bildstörung, die, -en; 5B5; 23
billig; 2C5; 12
Billigladen, der, "-; 10A7; 44
Biobauernhof, der, "-e; 20A3; 88
Birne, die, -n; 20B; 89
bis; 4A4; 19
bitten, bat, hat gebeten; 17C13; 76
Blatt, das, "-er; 2C10; 13
blau; 2A; 10
blaumachen; 2A2; 11
Blick, der, -e; 23.3; 103
blond; 2B3; 11
Blume, die, -n; 13C17; 59
Blumenkohl, der, (Sg.); 20B; 89
Bluse, die, -n; 10A1; 42
Boden, der, "-; 18A5; 79
böse; 6A4; 27
Boutique, die, -n; 9A5; 39
Brauch, der, "-e; 17B12; 75
Braut, die, "-e; 2A1; 10
brennen, brannte, hat gebrannt; 17A1; 72
Brief, der, -e; 4A1; 18
Brieffreundschaft, die, -en; 4A; 18
Briefkasten, der, "-; 2A1; 10
Briefmarkensammlung, die, -en; 13C12; 58
Brieftaube, die, -n; 12A1; 52
Briefumschlag, der, "-e; 4A1; 18
bringen, brachte, hat gebracht; 18D19; 82
Brötchen, das, -; 20D; 91
Brust, die, "-e; 11A; 48
bunt; 17C13; 76
Butter, die, (Sg.); 22C15; 101
ca. (cirka); 19C9; 87
Campingplatz, der, "-e; 19C8; 87
CD, die, -s (Compact Disc); 2C6; 13
Chaos, das, (Sg.); 18A1; 78
Chaot, der, -en; 14B5; 61
Charakter, der, -e; 10A8; 44
charmant; 16.8; 71
Chef, der, -s; 13A6; 57
Christbaum, der, "-e; 17A7; 74
Christkind, das, (Sg.); 17A1; 72
christlich; 17A2; 72
Christstollen, der, -; 17A4; 73
Clown, der, -s; 8.10; 37
Clubhaus, das, "-er; 23.3; 103
Computerausdruck, der, -e; 19B4; 85
Computerkurs, der, -e; 6C12; 28
contra; 21C12; 94
Cover, das, -; 8.8; 36

d. h. (das heißt); 12A7; 53
dabei; 17C13; 76
dafür; 13A1; 56
dagegen; 13A7; 57
damit; 17C13; 76
danach; 1A5; 7
daneben; 18A5; 79
darauf; 4B6; 20
darin; 17A4; 73
darüber; 10C16; 47
darum; 24.3; 109
dass; 1A4; 7
Dativpronomen, das, -; 9B9; 40
Dativverb, das, -en; 9B11; 40
davor; 18A5; 79
dazu; 17A2; 72
Decke, die, -n; 23.5; 104
Definition, die, -en; 23.9; 106
dekorieren; 17A4; 73
denken, dachte, hat gedacht; 3A8; 15
denn ; 6B; 27
deshalb; 8.12; 37
Dessert, das, -s; 20C11; 90
deswegen; 19A1; 84
deutschsprachig; 7.5; 31
Dialoggrafik, die, -en; 13B9; 58
Dialogteil, der, -e; 3A3; 14
Diamant, der, -en; 18D21; 83
Diamantensuche, die, (Sg.); 18D21; 83
Diät, die, -en; 12B9; 54
Dichter, der, -; 12A7; 53
dieselbe; 9A1; 38
Ding, das, -e; 5A3; 22
dir; 4D8; 21
Diskothek, die, -en; 16.8; 71
Diskussion, die, -en; 3A3; 14
DJ (Disc Jockey), der, -s; 22B9; 99
doch; 5E16; 25
Dokumentarfilm, der, -e; 5B8; 23
doof; 11C5; 50
dorthin; 1B8; 8
Dose, die, -n; 20E14; 91
drankommen; 15.15; 66
dreckig; 14B5; 61
dreierlei; 8.12; 37
dritt-; 14B8; 62
drüben; 10B10; 45
drucken; 7.6; 32
dunkel; 20D; 91
dünn; 18A5; 79
Durchschnitt, der, (mst. Sg.); 4A1; 18
duschen; 18C15; 81
E-Mail, die, (Sg.); 12A1; 52
Ecke, die, -n; 16.2; 70
egal; 10A7; 44
egoistisch; 14A2; 60

ehrenamtlich; 21B10; 94
ehrlich; 9A3; 39
Eierlauf, der, "-e; 17C15; 77
Eierstoßen, das, (Sg.); 17C14; 77
eigen-; 16.6; 71
Eigenschaft, die, -en; 9A4; 39
einfach (1); 1B8; 8
einfach (2); 19B4; 85
einfallen, fiel ein, ist eingefallen; 24.5; 109
Einfamilienhaus, das, "-er; 18B8; 79
einkaufen; 10B12; 46
Einkaufssituation, die, -n; 10B11; 46
einmal; 4B6; 20
Einnahme, die, -n; 13A4; 56
einsam; 9A5; 39
einteilen; 6D16; 29
eintragen, trug ein, hat eingetragen; 2C9; 13
einverstanden ; 13C14; 59
Einwohner, der, -; 7.3; 31
einzig-; 10A7; 44
Elektrizität, die, (Sg.); 12A4; 53
Empfänger, der, -; 12A1; 52
Ende, das, -n; 4A1; 18
enden; 21B9; 93
endlich; 4C; 20
Energie, die, -n; 20C; 90
eng; 10B10; 45
entscheiden, entschied, hat entschieden; 18D18; 82
entschuldigen (sich); 6B; 27
Entschuldigung, die, -en; 6A2; 26
entspannen; 6D15; 29
enttäuscht; 4B6; 20
entweder ... oder; 7.1; 30
entwickeln; 12A5; 53
Erdbeere, die, -n; 20B; 89
Erdnuss, die, "-e; 20C10; 90
Erfahrung, die, -en; 13B9; 58
erfinden, erfand, hat erfunden; 2B4; 12
Erfindung, die, -en; 12A5; 53
Erfolg, der, -e; 4B6; 20
erfolgreich; 8.10; 37
ergänzen; 1A3; 7
erhalten, erhielt, hat erhalten; 4A4; 19
erkennen; 12A6; 53
ernähren; 20A2; 88
Ernährungswissenschaftlerin, die, -nen; 20C12; 90
Erwachsene, der/die, -n; 8.1; 34
erwarten; 22C14; 100
es geht um; 13A5; 57
Essen, das, (Sg.); 20C; 90
Esszimmer, das, -; 18C14; 81

Etappe, die, -n; 19C; 86
euch; 1B8; 8
extra; 16.2; 70
Fachwerkhaus, das, "-er; 18B8; 79
Fähre, die, -n; 19C9; 87
Fahrgeld, das, (Sg.); 13A4; 56
Fahrradkurier, der, -e; 19A1; 84
Fahrt, die, -en; 3A7; 15
Fallschirm, der, -e; 23.3; 103
Fallschirmspringer, der, -; 23.3; 103
Fan, der, -s; 4D8; 21
Farbe, die, -n; 2A; 10
färben; 17C14; 77
faul; 4A4; 19
Fax, das, (Sg.) (Telefax); 15.12; 66
Faxgerät, das, -e; 12A1; 52
fehlen; 6B6; 27
feiern; 17A2; 72
Feiertag, der, -e; 17C13; 76
Feigling, der, -e; 24.3; 109
Feind, der, -e; 24.3; 109
Fenster, das, -; 18A5; 79
Ferienplanung, die, -en; 7.1; 30
Fernbedienung, die, -en; 5C11; 24
Fernsehen, das, (Sg.); 5A; 22
Fernseher, der, - (Fernsehapparat); 5A3; 22
Fernsehliebling, der, -e; 8.10; 37
Fernsehprogramm, das, -e; 5A2; 22
Fernsehserie, die, -n; 15.5; 65
fest; 9A1; 38
Fest, das, -e; 8.5; 35
festlegen; 17C15; 77
fett; 7.6; 32
Feuer, das, -; 17C13; 76
Feuertelegramm, das, -e; 12A4; 53
Feuerwehrauto, das, -s; 2A1; 10
Feuerwerk, das, -e; 17B12; 75
Fieber, das, (Sg.); 6B6; 27
Figur, die, -en; 11B3; 49
Film, der, -e; 5A4; 22
Film-Klassiker, der, -; 8.8; 36
Filmszene, die, -n; 8.9; 36
finden, fand, hat gefunden; 3A8; 15
Finger, der, -; 11A; 48
Fisch, der, -e; 20A3; 88
fit; 21C12; 94
Flasche, die, -n; 19B7; 86
Flaschenpost, die, (Sg.); 12A1; 52
Fleisch, das, (Sg.); 17C13; 76
Flug, der, "-e; 1B8; 8
Flur, der, -e; 18C14; 81
Folge, die, -n; 6C12; 28
Folie, die, -n; 23.9; 106
Fortschritt, der, -e; 12A4; 53
Fotografie, die, -n; 18D19; 82
Fotoroman, der, -e; 15.5; 65
Fragebogen, der, "-; 22C; 100

frei; 6D15; 29
freiwillig; 6D16; 29
Freizeit, die, (mst. Sg.); 6C12; 28
Fremde, der/die, -n; 22C15; 101
fressen, fraß, hat gefressen; 20A3; 88
freuen (sich) auf; 2C9; 13
freuen (sich) über; 4A4; 19
freundlich; 2B3; 11
Freundschaft, die, -en; 9A; 38
freundschaftlich; 22C15; 100
Friedhof, der, "-e; 17C14; 77
frisch; 17C14; 77
Frisör, der, -e; 14B6; 61
Frisur, die, -en; 9B15; 41
froh; 1C14; 9
fröhlich; 9A3; 39
Frucht, die, "-e; 17A4; 73
Fruchtbarkeit, die, (Sg.); 17C13; 76
früh; 18A1; 78
früher; 9A5; 39
Frühlingszwiebel, die, -n; 17C14; 77
Frühstück, das, -e; 20A5; 89
frühstücken; 6A2; 26
führen; 19C8; 87
funktionieren; 12A5; 53
furchtbar; 6C12; 28
Fußball, der, "-e; 1A4; 7
Fußballfeld, das, -er; 23.9; 106
füttern; 1A4; 7
Gage, die, -n; 8.12; 37
gar nichts; 6C12; 28
Gartenarbeit, die, -en; 1A2; 6
Gast, der, "-e; 9B15; 41
Gästezimmer, das, -; 18C14; 81
Gastfamilie, die, -n; 22C13; 100
Gasthaus, das, "-er; 7.3; 31
geboren werden, wurde geboren, ist geboren (worden); 8.10; 37
Gebrauch, der, (Sg.); 12B15; 55
Gedicht, das, -e; 17A1; 72
geehrt; 6B6; 27
Gefühl, das, -e; 21C12; 94
gegeneinander; 15.15; 66
Gegensatz, der, "-e; 16.1; 69
Gegensatzpaar, das, -e; 2C7; 13
gegenseitig; 18B11; 80
gegenüber; 18A5; 79
Gegenvorschlag, der, "-e; 14B5; 61
gehen mit, ging, ist gegangen; 9A1; 38
gehören; 7.3; 31
gelb; 2A; 10
Geld, das, (mst. Sg.); 6B10; 27
gelegentlich; 13B8; 57
Gemeinheit, die, -en; 20A2; 88
Gemüse, das, -; 20A3; 88
gemütlich; 11C7; 50

genug; 2A2; 11
gerade (1); 14B6; 61
gerade (2); 15.4; 64
Geräusch, das, -e; 21B6; 93
gern haben, hatte gern, hat gern gehabt; 14B8; 62
Geschichte, die, (Sg.); 12A; 52
Geschimpfe, das, (Sg.); 18E25; 83
Geschmack, der, "-er; 10A1; 42
Gesetz, das, -e; 8.1; 34
Gesicht, das, -er; 11A; 48
gespannt sein; 17A2; 72
Gespräch, das, -e; 5D15; 25
gesprochen; 5D14; 25
gesund; 17C13; 76
gesundheitsbewusst; 20D; 91
Getränk, das, -e; 13A4; 56
Getränkeautomat, der, -en; 23.3; 103
Gewichtheber, der, -; 8.12; 37
Gewürz, das, -e; 17A4; 73
gleich; 11C7; 50
Glotze, die, -n; 5A2; 22
glücklicherweise; 9A1; 38
Glücksschwein, das, -e; 17B12; 75
Glückssymbol, das, -e; 17B12; 75
Golf, das, (Sg.); 21A1; 92
Gramm, das, -; 20E14; 91
Gras, das, "-er; 20A3; 88
gratulieren; 9A5; 39
grau; 2A; 10
Grenze, die, -n; 19C8; 87
Griff, der, -e; 4A1; 18
grillen; 17C14; 77
Größe, die, -n; 10B10; 45
grün; 2A; 10
Grund, der, "-e; 5C10; 24
gründen; 12A7; 53
Grundform, die, -en; 12B17; 55
Gruß, der, "-e; 4C; 20
Gurke, die, -n; 20B; 89
gucken; 5A2; 22
gut gebaut; 11B3; 49
Haar, das, -e; 2B3; 11
Halle, die, -n; 21A3; 92
Hals, der, "-e; 11A; 48
Halsband, das, "-er; 2B4; 12
Halskette, die, -n; 10A1; 42
Halstuch, das, "-er; 2B3; 11
halten für, hielt, hat gehalten; 5C10; 24
halten, hielt, hat gehalten; 10A7; 44
Hand, die, "-e; 11A; 48
Handtasche, die, -n; 10A1; 42
hängen, hing, hat gehangen; 18A5; 79
hart; 6D16; 29
hart gekocht; 17C13; 76

Hase, der, -n; 17C13; 76
hassen; 6C12; 28
Hauptbahnhof, der, "-e; 19B4; 85
Hauptort, der, -e; 7.3; 31
Hauptstraße, die, -n; 18B8; 79
Hausnummer, die, -n; 8.5; 35
Heiligabend, der, -e; 17A4; 73
heiraten; 8.1; 34
heiß; 23.9; 106
heißen, hieß, hat geheißen; 18A1; 78
hell; 18B11; 80
hellblau; 2B3; 11
hellbraun; 2B3; 12
Hemd, das, -en; 10A1; 42
heraus; 18D22; 83
hilfsbereit; 2B3; 11
Hilfsverb, das, -en; 12B15; 55
hinsetzen (sich); 14B6; 61
hinzufügen; 16.2; 70
Hip Hop, der, (Sg.); 16.5; 71
historisch; 7.3; 31
Hobby, das, -s; 4D8; 21
Hochhaus, das, "-er; 18B8; 79
Hochzeit, die, -en; 17A3; 72
Hockey, das, (Sg.); 21A1; 92
Hof, der, "-e; 18B8; 79
höflich; 22B11; 99
holen; 17C13; 76
Holzfeuer, das, -; 17C13; 76
Hörer, der, -; 4A1; 18
Hose, die, -n; 10A1; 42
hundertprozentig; 9A1; 38
Hunger, der, (Sg.); 20A3; 88
Hut, der, "-e; 8.4; 35
Hypothese, die, -n; 4B5; 19
IC (Inter City), der, -s; 19B4; 85
ideal; 9B16; 41
Idiot, der, -en; 18D22; 83
Idol, das, -e; 11B; 49
ihm; 9A5; 39
ihnen; 9A5; 39
im Freien; 6D16; 29
in; 4A1; 18
in Ordnung; 10B12; 46
Indianer, der, -; 12A4; 53
intelligent; 9A3; 39
interessieren (sich) für; 4D8; 21
Interview, das, -s; 1A4; 7
irgendein; 5C10; 24
irgendwas 5A2; 22
irre; 10A6; 43
Isomatte, die, -n; 19B7; 86
Jahreswechsel, der, -; 17A9; 74
Jahreszahl, die, -en; 12A7; 53
Jahrhundert, das, -e (Jhdt.); 12A7; 53
jährlich; 23.11; 107

je; 16.1; 69
Jeans, die, -; 2B3; 11
jemand; 3A8; 15
jeweils; 11D10; 51
joggen; 22B12; 99
Joghurt, der, -(s); 20E14; 91
Jugendmeister, der, -; 21A; 92
Jugendzentrum, das, -zentren; 22C15; 101
jung; 1A2; 6
Kabel, das, -; 12A7; 53
Kalorie, die, -n; 20C9; 90
kalt; 10C17; 47
Kampfsport, der, (Sg.); 21B7; 93
Kanal, der, "-e (Fernsehkanal); 5A2; 22
Kanton, der, -e; 7.3; 31
Karatefilm, der, -e; 6B10; 27
Karfreitag, der, (Sg.); 17C13; 76
Karikatur, die, -en; 20A1; 88
Karotte, die, -n; 20C10; 90
Kärtchen, das, -; 23.10; 106
Karte, die, -n; 9A5; 39
Kartoffelchip, der, -s; 20C10; 90
Karwoche, die, (Sg.); 17C13; 76
Kategorie, die, -n; 4B5; 19
kcal (Kilokalorie); 20C9; 90
Keller, der, -; 18C14; 81
Kellner, der, -; 9B15; 41
Kerze, die, -n; 17A4; 73
Keyboard, das, -s; 4D8; 21
Kilo, das, -s (Kilogramm); 12B9; 54
Kinderarbeit, die, -en; 8.3; 34
Kinderstar, der, -s; 8.1; 34
Kinderzimmer, das, -; 18C14; 81
Kinokarte, die, -n; 9A5; 39
Kiosk, der, -e; 8.5; 35
Kirsche, die, -n; 20B; 89
Kissen, das, -; 23.5; 104
Kiwi, die, -s; 20B; 89
kJoule (Kilojoule); 20C9; 90
Klamotten, die (Pl.); 10A7; 44
klappen; 9A5; 39
klasse; 11C5; 50
Klassenfahrt, die, -en; 12B16; 55
Klassenkamerad, der, -en; 9A5; 39
Klassenkameradin, die, -nen; 9A5; 39
klassisch; 22B9; 99
Klavier, das, -e; 2B3; 12
Klavierstunde, die, -n; 6C12; 28
Kleeblatt, das, "-er; 17B12; 75
Kleid, das, -er; 10A1; 42
kleiden (sich); 10A1; 42
Kleidung, die, (Sg.); 10A3; 43
Kleidungsstück, das, -e; 10A5; 43
kloppen (sich); 24.3; 109
Kloster, das, "-; 19C8; 87

Kneipe, die, -n; 8.1; 34
Knie, das, -; 11A; 48
Knoblauch, der, (Sg.); 20B; 89
Knochen, der, -; 13C17; 59
Kochgeschirr, das, (Sg.); 19B7; 86
komisch; 8.12; 37
Kommode, die, -n; 18A3; 78
Kommunikation, die, -en; 12A; 52
Konflikt, der, -e; 5A3; 22
Konjunktiv, der, -e; 22B; 98
konzentrieren (sich); 6D16; 29
Kopf, der, "-e; 6D15; 29
Körper, der, -; 8.12; 37
Körperteil, der, -e; 11A; 48
Krach, der, -s; 18A1; 78
krank; 4D8; 21
Krawatte, die, -n; 10A1; 42
Kreide, die, -n; 23.9; 106
Kreis, der, -e; 15.15; 66
Kreuz, das, -e; 15.15; 66
kriegen; 14B5; 61
Krimi, der, -s (Kriminalfilm); 5A2; 22
Krug, der, "-e; 23.5; 104
Kugel, die, -n; 17A7; 74
Kuh, die, "-e; 5E16; 25
Kühlschrank, der, "-e; 22C15; 100
Kultur, die, -en; 4B6; 20
Kunde, der, -n; 10B11; 46
Kuss, der, "-e; 13C12; 58
küssen; 22C15; 101
Lächeln, das, (Sg.); 9A5; 39
Laden, der, "-; 20E15; 91
Lamm, das, "-er; 17C14; 77
Lampe, die, -n; 18A3; 78
Land, das (Sg.); 17C13; 76
Landeskunde, die, (Sg.); 2A1; 10
Landtag, der, -e; 22A3; 97
Landwirtschaft, die, (Sg.); 1A2; 6
lang; 8.10; 37
lassen, ließ, hat gelassen; 18E25; 83
Lastwagen, der, -; 18D22; 83
Lauch, der, (Sg.); 20B; 89
Laufdiktat, das, -e; 8.6; 35
Läufer, der, -; 17C15; 77
Leben, das, -; 5E16; 25
Lebensmittel, die, (Pl.); 19C9; 87
Lebkuchen, der, -; 17A4; 73
Leder, das, -; 10A3; 43
Lederhose, die, -n; 10A1; 42
leer; 5E16; 25
Legende, die, -n; 19C9; 87
leicht; 19A1; 84
Leichtathletik, die, (Sg.); 21B6; 93
leihen, lieh, hat geliehen; 13C12; 58
leise; 14B6; 61
leisten (sich); 10A7; 44

Leiter, die, -n; 16.1; 68
Lernziehharmonika, die, -s; 15.17; 67
Leserbrief, der, -e; 9A5; 39
Lesestoff, der, (Sg.); 13A4; 56
letzt-; 1B10; 8
Leute, die, (Pl.); 1C14; 9
Licht, das, -er; 17A4; 73
Lichtlein, das, -; 17A1; 72
Lichtschalter, der, -; 22C15; 101
lieb; 2B3; 11
Liebe, die, -n; 9B16; 41
lieben; 4D8; 21
Liebesbrief, der, -e; 9B16; 41
liebevoll; 9A3; 39
Lieblingsfest, das, -e; 17A3; 72
Lieblingsthema, das, Lieblingsthemen; 9A1; 38
liegen, lag, hat gelegen; 9A6; 39
lila; 10A3; 43
literarisch; 5C; 24
Literatur, die, -en; 12B15; 55
locker; 10A3; 43
los!; 4D8; 21
lösen; 4A4; 19
losfahren, fuhr los, ist losgefahren; 8.1; 34
losgehen, ging los, ist losgegangen; 21C13; 95
Lücke, die, -n; 17C14; 77
Luft, die, (mst. Sg.); 6A; 26
Luftreifen, der, -; 19A1; 84
lügen, log, hat gelogen; 1B; 8
lustig; 9A3; 39
Magazin, das, -e; 5B8; 23
mal (einmal); 9A6; 39
Mal, das, -e; 14B8; 62
malen; 4D8; 21
manch-; 5E16; 25
manipulieren; 14C16; 63
Mannschaft, die, -en; 17C15; 77
Mäppchen, das, -; 8.5; 35
Margarine, die, (Sg.); 22C15; 101
Marke, die, -n; 23.11; 107
Marken-Klamotten, (Pl.); 10A7; 44
markiert; 3A3; 14
Marmelade, die, -n; 20E14; 91
Maus, die, "-e; 8.5; 35
Meer, das, -e; 1A2; 6
mehrere; 19A1; 84
Mehrfachnennung, die, -en; 13A4; 56
Meinung, die, -en; 10A6; 43
Meisterschaft, die, -en; 21D; 95
melden (sich); 15.13; 66
Melodie, die, -n; 17A1; 72
Menge, die, -n; 24.3; 109
Mensa, die, Mensen; 8.5; 35